JN117680

第2版

Q&A 法人登記の実務

農事組合法人

吉岡誠一 著

日本加除出版

第 2 版 は し が き

　農事組合法人について規定する農業協同組合法等の一部を改正する
等の法律（平成 27 年法律第 63 号。以下「改正法」という。）が平成
27 年 9 月 4 日公布され、平成 28 年 4 月 1 日から施行されています。

　農事組合法人については、従前、出資農事組合法人と非出資農事組
合法人との間の相互移行に関する規定は置かれていませんでしたが、
解釈上、これが認められていました。それが、改正法によって、農業
協同組合法 54 条の 4 及び 54 条の 5 の規定が新設され、これらの規定
が同法 73 条 2 項によって農事組合法人についても準用されることに
なったことから、①非出資農事組合法人から出資農事組合法人への移
行手続、②出資農事組合法人から非出資農事組合法人への移行手続が
明文化されました。

　また、改正前農業協同組合法においては、出資農事組合法人から株
式会社へ組織変更をすることができる旨の規定が置かれていました
が、改正法において、組織変更の対象が拡大され、①出資農事組合法
人から株式会社への組織変更のほか、②非出資農事組合法人から一般
社団法人への組織変更ができることとされ、総会における組織変更計
画の承認、債権者の異議申立手続、行政庁への届出その他の組織変更
の手続についての定めが設けられました。また、改正法によって新た
に設けられた制度による登記として、みなし解散の登記、継続の登記
等が導入されました。

　そのほか、改正法により、農地法の一部が改正され、従前の「農業
生産法人」が「農地所有適格法人」に改められ、同法人における農業
者以外の構成員の有する議決権等の要件が緩和されています。

　次に、農事組合法人の登記については、改正法の施行前においては、
改正前の農業協同組合法第 4 章（74 条から 92 条）の規定により登記

しなければならないとされていましたが、改正法によりこれらの規定は削除され、農事組合法人は政令で定めるところにより、登記しなければならないとされました（農業協同組合法72条の9、9条1項、73条の9）。そこで、改正法の施行後においては、農事組合法人の設立の登記、変更の登記等については、他の法令に別段の定めのある場合を除くほか、組合等登記令の定めるところにより登記しなければならないとされました（組合等登記令1条、別表）。

　このように、改正法では農事組合法人に関する制度についての見直しが行われ、しかも改正点は多岐にわたり、また、改正法によって、登記の根拠規定も変更されるなど、登記実務にも大きく影響するところがあります。

　本書は、改正法によって新たに設けられた制度の内容及び登記の手続について解説するとともに、近年の登記手続法令の改正を踏まえた実務の取扱いの変更点についても登記申請書、添付書面等のひな形を通して大幅に補充しています。

　本書が、登記実務に携わる専門家の方々はもとより、農事組合法人等を活用しようと考えておられる方々の手引書として参考になれば幸いです。

　　　令和2年9月

　　　　　　　　　　　　　　　　　　　　　吉　岡　誠　一

は し が き

　本書は、農事組合法人に関する各種登記申請、また、行政庁である都道府県知事や農林水産大臣に対する届出の方法について、Q＆A形式により分かりやすく解説したものです。また、NPO法人や医療法人等といった法人登記のシリーズ本の一つに位置づけています。

　農事組合法人は、組合員の農業生産についての協業化を図りその利益を増進することを目的に農業協同組合法によって創設された法人です。また、同時期、農地法においては、法人の農地取得を認めることとした農業生産法人制度が創設されています。

　ところで、農業生産法人とは、農事組合法人、株式会社（公開会社でないものに限る）、合名会社、合資会社又は合同会社で、農地法で定める要件を満たしているものをいいます。そこで、農業生産法人として農業経営を行うことを目的として農事組合法人を設立するためには、農地法と農業協同組合法に規定されている要件を満たさなければなりませんが、これら法律については、多様化する社会の要請に応えるため、制定以来、幾度かの改正が行われ、現在に至っているところです。最近では、平成21年法律第57号により農地法が改正され、平成21年12月15日から施行されています。改正法では、農地の貸借について、一般法人の参入規制の緩和や農業生産法人について、農業生産法人は地域の農業者を中心とする法人であるとの基本的な性格を維持した上で、出資という形で農業へ参入しやすくする出資制限の見直し等がされています。そして、集落営農組織の多くが法人化する場合は、構成員の共同の利益の増進、集落の農地の保全等の目的から、農事組合法人を選択しています。また、出資農事組合法人は、その組織を変更して株式会社になることもできます。そのようなことから、今後農事組合法人が増加することが見込まれるのではないかと思われ

3

はしがき

ます。

　そこで、本書は、農業生産法人の一つである農事組合法人の設立登記、理事の変更登記、名称等の各種変更登記、事務所の移転登記、解散や合併の登記、あるいは農事組合法人が株式会社となるための組織の変更登記等について、申請書、添付書類等のひな形を多く掲載し、留意点等を記述しています。

　本書が、司法書士や登記官等の登記実務に携わる方々はもとより、これから農事組合法人を設立しようと考えられている方々や既に設立した農事組合法人の変更登記を申請する方々の手引書として広く活用していただければ幸いです。

　　平成 24 年 4 月

　　　　　　　　　　　　　　　　　　　吉　岡　誠　一

目　　　次

第1章
農業法人と農地所有適格法人

農業法人とは、また、農地所有適格法人とはどのような ものですか。

　農業法人とは、法人形態によって農業を営む法人の総称です。農業法人は、大きく分けると、会社の形態を取る会社法人と組合の形態をとる農事組合法人に分けることができます。

　会社法人は、営利を目的とする法人で、株式会社が代表例としてあげられます。これに対し、農事組合法人は、農業生産の協業による共同利益の増進を目的とする法人です。

　また、農業法人は、「農地所有適格法人」と「農地所有適格法人以外の法人」に分けられます。法人が農地の権利を取得するについて、所有する場合には、農地法で定める一定の要件を備えることが必要であるとされていまして、これらの要件を満たしている法人を農地所有適格法人といっています。一方、農地を利用しないで農業を営む法人や、農地を借りて農業を営む法人は、農地所有適格法人の要件を満たす必要はありません。

　この農地所有適格法人の呼称は、平成28年4月1日施行の改正農地法により「農業生産法人」の呼称が改められたものです。

　農地所有適格法人となるには、農地法で定める次に掲げる要件（法人形態要件、事業要件、構成員要件、役員要件）の全てを満たしていなければならないとされています（農地法2条3項）。

1　法人形態要件

　農地所有適格法人の法人形態は、次のいずれかでなければならないとされています。

① 農事組合法人

② 株式会社（公開会社でないものに限る。）

③ 合名会社

④ 合資会社

1

⑤　合同会社

2　事業要件

　　法人の主たる事業が農業（その行う農業に関連する事業であって農畜産物を原料又は材料として使用する製造又は加工その他農林水産省令で定めるもの、農業と併せ行う林業及び農事組合法人にあっては農業と併せ行う農業協同組合法 72 条の 10 第 1 項 1 号の事業を含む）であることが必要です。

　　なお、上記農林水産省令で定められている事業は、次のとおりです（農林水産省令 2 条）。

　i　農畜産物の貯蔵、運搬又は販売
　ii　農業生産に必要な資材の製造
　iii　農作業の受託
　iv　農村滞在型余暇活動に利用されることを目的とする施設の設置及び運営並びに農村滞在型余暇活動を行う者を宿泊させること等農村滞在型余暇活動に必要な役務の提供

3　構成員要件

　　誰でも農地所有適格法人の構成員になることができますが、その法人が株式会社である場合は、次に掲げる者に該当する株主の有する議決権の合計が総株主の議決権の過半を占めていなければならないとされています。また、その法人が持分会社である場合は、次に掲げる者に該当する社員の数が社員の総数の過半を占めていなければならないとされています（農地法 2 条 3 項 2 号）。

⑴　農地の権利を提供した個人

　①　その法人に農地若しくは採草放牧地について所有権若しくは使用収益権を移転した個人
　②　その法人に農地又は採草放牧地について使用収益権に基づく使用及び収益をさせている個人
　③　その法人に使用及び収益をさせるため農地又は採草放牧地について所有権の移転又は使用収益権の設定若しくは移転に関し第 3 条 1 項の許可を申請している個人
　④　その法人に農地又は採草放牧地について使用貸借による権利又は賃借権に基づく使用及び収益をさせている農地利用集積円滑化団体又は農地中間管理機構に当該農地又は採草放牧地について使用貸借

による権利又は貸借権を設定している個人

(2)　**その法人の行う農業に常時従事する者**

　　農地法施行規則では、その法人が行う農業に年間 150 日以上従事する者を常時従事者としています（農地法施行規則 9 条 1 号）。

(3)　**その法人に農作業の委託を行っている個人**

　　農作業の範囲については、農産物を生産するために必要となる基幹的な作業であることが必要であるとされています（同規則 6 条）。

(4)　**その法人に農業経営基盤強化促進法 7 条 3 号に掲げる事業に係る現物出資を行った農地中間管理機構**

(5)　**地方公共団体**

(6)　**農業協同組合又は農業協同組合連合会**

4　役員要件

(1)　その法人の常時従事者である構成員（農事組合法人にあっては組合員、株式会社にあっては株主、持分会社にあっては社員）が、理事等（農事組合法人にあっては理事、株式会社にあっては取締役、持分会社にあっては業務を執行する社員）の数の過半を占めていること。

(2)　その法人の理事等又は農林水産省令で定める使用人（いずれも常時従事者に限る）のうち、一人以上の者がその法人の行う農業に必要な農作業に一年間に農林水産省令で定める日数以上従事すると認められるものであること。

　　農林水産省令で定める日数は、60 日とされています（農地法施行規則 8 条）。

第 2 章　農事組合法人

第 1　農事組合法人制度

農事組合法人とはどのような法人ですか。

　農事組合法人は、その組合員の農業生産についての協業を図ることによりその共同の利益を増進することを目的として（農業協同組合法 72 条の4。以下「農協法」という。）、昭和 37 年の農協法の改正により、創設されたものです。

　農事組合法人とは、農協法に基づき設立される法人であり、一定地区の農民等、農事組合法人の組合員たる資格を有する者で、定款で定めるものをその構成員とする社団法人です。この「地区」とは、必ずしも農事組合法人の事業活動を行う地域を示すものではなく組合員の資格を決定する基準となる地域をいいます（農業協同組合法令研究会編著『逐条解説農業協同組合法』（大成出版社、2017 年）501 頁。以下「逐条解説」という。）。この「地区」は、定款の絶対的記載事項とされています（農協法 72 条の 16）。また、農事組合法人は、農協法に基づき設立される農業者の自主的な協同組織であり、本来その事業運営は、自主性に委ねられることが原則であるとされていますが、経営の健全化や法令遵守態勢の確保等に向けた自主的な取り組みを促すために、農協法では、農事組合法人に対する行政庁の指導監督権限について規定しています（「逐条解説」643 頁）。農事組合法人に対する指導監督を行う行政機関については、農協法では行政庁と規定されていますが、監督する農事組合法人の区分により、都道府県の区域を超える区域を地区とする農事組合法人については主務大臣（原則として農林水産大臣）とされ、その他の農事組合法人については都道府県知事とされています（農協法 98 条 1 項）。

　また、農事組合法人の組合員について、農協法 73 条 1 項において同法13 条の規定が準用されていますので、組合は、定款で定めるところによ

り、組合員に出資をさせることができるとされています（農協法73条1項、13条1項1項、2項）。その結果、農事組合法人には、組合に対し、全ての組合員が出資1口以上の出資義務を負う出資組合の形態をとるもの（出資農事組合法人）と、組合員が組合に対し出資義務を負わない非出資組合の形態をとるもの（非出資農事組合法人）とがあり、事業に関しては、非出資農事組合法人は、農事組合法人が行うことができる事業のうち、農業経営の事業を行うことができないとされています（農協法72条の10）。

　農事組合法人は、主たる事務所の所在地における設立の登記によって成立し、法人格を取得することになります（農協法73条3項、63条1項）。成立したときは、設立の日（設立の登記の日）から2週間以内に、登記事項証明書と定款を添えて、その旨を行政庁に届け出なければならないとされています（農協法72条の32第4項）。

　なお、従前、農協法上、非出資農事組合法人と出資農事組合法人との間の相互移行に関する規定は置かれていませんでしたが、解釈上、これが認められていました（昭和25・5・4民事甲1199号民事局長通達、昭和27・7・28民事甲1094号民事局長回答）。それが平成27年の改正農業協同組合法（平成27年法律第63号。以下「改正法」という。）によって、農協法54条の4及び54条の5（同法73条2項において準用）が新設され、出資農事組合法人と非出資農事組合法人の相互移行が明文化されました。

　また、改正前農協法においては、出資農事組合法人から株式会社への組織変更をすることができる旨の規定が置かれていたところ（改正前農協法73条の2）、改正法においては、組織変更の対象が拡大され、出資農事組合法人から株式会社への組織変更（農協法73条の2）のほか、非出資農事組合法人から、一般社団法人への組織変更をすることもできることとされました（農協法77条）。

　また、改正法では、みなし解散制度が導入されるとともに（農協法64条の2、73条4項）、農事組合法人が総会の決議等により解散した場合に、総会の特別決議によって農事組合法人を継続することができることとされています（農協法64条の3、73条4項）。

　そのほか、登記の根拠規定の改正も行われています。改正法の施行前は、農事組合法人の登記については、改正前農協法第4章（74条から92条まで）の規定によることとされていましたが、改正法によりこれらの規

定は削除され、農事組合法人は、政令で定めるところにより、登記しなければならないとされました（農協法 9 条 1 項、73 条の 9 第 1 項）。したがって、改正法の施行後は、農事組合法人の登記については、他の法令に別段の定めのある場合を除くほか、組合等登記令の定めるところにより登記することになります（組合等登記令 1 条）。

第 2　農事組合法人の事業

農事組合法人が行うことができる事業について、説明してください。

　農事組合法人は、組合員の農業生産についての協業を図ることにより、その共同の利益を増進することを目的としています（農協法 72 条の 4）。このような農事組合法人の目的を達成するための手段として、農事組合法人は、次の事業の全部又は一部を行うことができるとしています（農協法 72 条の 10）。
①　農業に係る共同利用施設の設置（当該施設を利用して行う組合員の生産する物資の運搬、加工又は貯蔵の事業を含む。）又は農作業の共同化に関する事業
②　農業の経営（その行う農業に関連する事業であって農畜産物を原料又は材料として使用する製造又は加工その他農林水産省令で定めるもの及び農業と併せ行う林業の経営を含む。）
　　農林水産省令で定めるものとしては、ⅰ農畜産物の貯蔵、運搬又は販売、ⅱ農業生産に必要な資材の製造及び、ⅲ農作業の受託があります（農業協同組合法施行規則 215 条。以下「施行規則」という。）。
③　①、②の事業に附帯する事業
　このように、農事組合法人の事業については、上記事業に限定されており、その範囲内において、個々の農事組合法人は事業を定款に定め、その定款に定めた事業の範囲内において、これを行うことができるとされているのであって、法律に定められた範囲を超えて定款に規定し事業を行った

ときは、当該行為は法律上無効と解されています（「逐条解説」492頁）。し
たがって、農事組合法人の事業の対象外とされる事業に取り組むことを内
容とした登記は法に違反した登記であり、認められないと解されています
（平成16・7・20民商2061号民事局商事課長依命通知）。

　なお、農事組合法人が法律の規定に基づいて行うことができる事業以外
の事業を行ったときは、行政庁は、農事組合法人に対し、解散を命ずるこ
とができるとされています（農協法95条の2第1号）。また、この場合に
は、農事組合法人の役員等に対し罰則の適用があります（農協法101条1
項1号）。

　農事組合法人には、出資制のものと非出資制のものとがありますが、非
出資制の農事組合法人は、②の事業（農業の経営）を行うことはできませ
ん（農協法72条の10第2項）。

　また、上記①の農業に係る共同利用施設の設置又は農作業の共同化に関
する事業については、組合員以外の者にも組合員の利用分量の総額の5分
の1の範囲内で利用させることができるとされています（同条3項）。

第3　農事組合法人の組合員

農事組合法人の組合員たる資格を有する者は、どのような者ですか。

1　組合員資格

　農事組合法人の組合員たる資格を有する者は、次に掲げる者で定款で
定めるものとされています（農協法72条の13）。

　ただし、農業経営農事組合法人（農業の経営の事業を行う農事組合法
人）にあっては、①から④に掲げる者、農業経営農事組合法人以外の農
事組合法人にあっては、①に掲げる者で定款で定める者であるとされて
います。

①　農民

　農民とは、自ら農業を営み、又は農業に従事する個人をいいます

（農協法2条2項）。また、農業とは、耕作、養畜又は養蚕の業務をいいますが、これに付随する業務も含まれます（農協法2条3項）。

②　組合（農業協同組合及び農業協同組合連合会）

③　当該農事組合法人に農業経営基盤強化促進法7条3号に掲げる事業に係る現物出資を行った農地中間管理機構

④　当該農事組合法人からその事業に係る物資の供給若しくは役務の提供を受ける者又はその事業の円滑化に寄与する者であって、政令で定めるもの

　　政令及び省令では、ⅰ当該農事組合法人からその事業に係る物資の供給若しくは役務の提供を継続して受ける個人、ⅱ当該農事組合法人に対するその事業に係る特許権についての専用実施権の設定又は通常実施権の許諾に係る契約及び新商品又は新技術の開発又は提供に係る契約並びにこれらに準じて当該農事組合法人の事業の円滑化に寄与すると認められる契約（実用新案権及び育成者権の許諾等の契約）を締結している者が定められています（農業協同組合法施行令40条。以下「施行令」という。施行規則216条）。

　　なお、農業経営農事組合法人の組合員（①の組合員）が農民でなくなり又は死亡した場合におけるその農民でなくなった者又はその死亡した者の相続人であって農民でないものは、その農業経営農事組合法人との関係においては農民とみなされ、農事組合法人の組合員資格があるとされています（農協法72条の13第2項）。ただし、上記④に掲げる組合員及び農民とみなされる者の数は、総組合員の数の3分の1を超えてはならないとされています（同条3項）。

2　組合員の議決権等

　　組合員は、出資の口数に関係なく、各々1個の議決権を有するとされています（農協法72条の14第1項）。これは、農事組合法人が人的結合の強い共同組織体であることによるとされています（「逐条解説」500頁）。

　　また、総会に出席しない組合員には、書面又は代理人による議決権の行使が認められています（同条2項）。

　　なお、農事組合法人が特定の組合員の財産を買い受けるなど、農事組合法人と特定の組合員との関係について決議をする場合には、その組合員は議決権を有しないとされています（農協法72条の15）。

3　組合員の加入及び脱退

(1)　組合員の加入

　　農業協同組合への加入について、農協法は、組合員たる資格を有する者が組合に加入しようとするときは、組合は正当な理由がないのに、その加入を拒み又は加入につき現在の組合員より困難な条件を付してはならないと定めています（農協法19条）。この規定は、組合員の加入制限の禁止の規定であると解されています。

　　他方、農事組合法人の組合員の加入については、この組合員の加入制限を禁止する農協法19条の規定を準用していません（農協法73条1項）し、同条に相当する規定もありませんので、加入の自由が保障されているわけではありません。その理由としては、農事組合法人が強い人的信頼関係に基づいて成立する法人であることが考慮されたものであると解されています。なお、農事組合法人は、定款で定めるところにより、組合員に出資をさせることができます（農協法73条1項、13条1項）。出資組合の組合員は、出資一口以上を引き受けて有しなければなりません。

　　このようなことから、農事組合法人については、組合員資格に該当するもののうち組合員とする者の範囲を定款に具体的に定めることになります。併せて、加入の申込み、加入の承諾等の手続についても定款で定めることになります。

(2)　組合員の脱退

　　脱退とは、組合員の地位にあるものがその地位を失うこと、組合員でなくなることをいいます。組合員の脱退には、組合員の意思に基づいて脱退する任意脱退と、組合員の意思にかかわらず、一定の事実が発生したときに法律上当然に組合員の地位を失う法定脱退とがあります。

　ア　任意脱退

　　農事組合法人の組合員は、60日前までに予告し、事業年度末において脱退することができるとされています（農協法73条1項、20条2項）。予告をした組合員は、予告をした日の翌日から起算して60日の末日以後最初に到来する事業年度の終了時に当然脱退し、その際改めて脱退の手続をすることは要しないと解されています。

また、脱退の予告をした後でも、その事業年度の終わりが到来する前であれば、その予告を撤回することができるとされています（「逐条解説」229 頁）。なお、予告期間は、定款でこれを延長することができるとされていますが、1 年を超えてはならないとされています（農協法 73 条 1 項、20 条 3 項）。

イ　法定脱退

　組合員は、①組合員たる資格の喪失、②組合員の死亡又は解散、③除名によって脱退します（農協法 73 条 1 項、21 条 1 項）。

　出資農事組合法人の組合員が脱退したときは、定款の定めるところにより、その持分の全部又は一部の払戻しを請求することができます（農協法 73 条 1 項、22 条 1 項）。すなわち、持分払戻請求権は、定款の定めるところにより、とされていますので、組合員が脱退した場合に持分を払い戻すか、払い戻すとして、持分の全部を払い戻すか、一部に限るかということは、定款で定められることになります（「逐条解説」232 頁）。農林水産省のホームページに公表されている「農事組合法人定款例」では、持分の払戻しに関しては、「第○条○項第 1 号から第 3 号までの規定により組合員が脱退した場合には、組合員のこの組合に対する出資額（その脱退した事業年度末時点の貸借対照表に計上された資産の総額から負債の総額を控除した額が出資の総額に満たないときは、当該出資額から当該満たない額を各組合員の出資額に応じて減算した額）を限度として持分を払い戻すものとする」とのモデルが示されています。

　なお、除名は、①長期間にわたって組合の施設を利用しない組合員、②出資の払込み、経費の支払その他組合に対する義務を怠った組合員、③その他定款で定める行為をした組合員に対して行うことができるとされ（農協法 73 条 1 項、21 条 2 項）、組合員の除名については、総組合員の 3 分の 2 以上の多数による特別決議を要するとされています（農協法 72 条の 30）。

　組合員を除名する特別決議が成立すれば当該組合員は当然に脱退しますが、その旨を除名した組合員に通知しなければ、その組合員に対抗することはできないとされています（農協法 73 条 1 項、21 条 3 項）。

4 組合員名簿の作成と開示

　農事組合法人の理事は、次の事項を記載又は記録した組合員名簿を作成し、主たる事務所に備えておかなければならないとされています（農協法73条1項、27条1項、2項）。農事組合法人の組合員及び組合の債権者は、組合の業務時間内は、いつでも、理事に対し組合員名簿の閲覧又は謄写の請求をすることができ、組合員名簿の閲覧又は謄写の請求があったときは、理事は、正当な理由がなければこれを拒んではならないとされています（農協法73条1項、27条3項）。

　　① 　氏名又は名称及び住所
　　② 　加入の年月日及び組合員たる資格の別
　　③ 　出資口数及び出資各口の取得の年月日
　　④ 　払込済みの出資の額及びその払込みの年月日

第4　行政庁の監督

1　行政庁への届出

> 農事組合法人の設立については、準則主義がとられ、行政庁に対する事前の認可申請は要しないとされていますが、設立登記の後に法人を設立した旨を行政庁に届け出ることとされています。そこで、設立の届出を含め、行政庁に届出をしなければならないとされているものにはどのようなものがありますか。

　農事組合法人の行政庁は、都道府県の区域を超える区域を地区とする農事組合法人については主務大臣（農林水産大臣）、都道府県の区域内を地区とする農事組合法人については、都道府県知事とされています（農協法98条1項、2項）。

　農事組合法人が行政庁に届出をしなければならないとされているものは、次のとおりです。

1　農事組合法人の設立届

　農事組合法人を設立するためには、3 人以上の農民が発起人となることが必要であり、発起人は、共同して定款を作成し、役員を選任し、その他設立に必要な行為をしなければならないとされています（農協法 72 条の 32 第 1 項、2 項）。農事組合法人の設立については、行政庁の認可は必要とされず、一定の手続を踏んで設立登記をすることにより成立する準則主義がとられています。

　理事は、設立に必要な手続が終了した日から 2 週間以内に、主たる事務所の所在地において設立の登記をしなければならないとされています（組合等登記令 2 条）。農事組合法人は、この主たる事務所の所在地において、設立の登記をすることにより成立します（農協法 73 条 3 項、63 条 1 項）。

　農事組合法人は、成立したときは、設立の日（設立の登記の日）から 2 週間以内に、登記事項証明書及び定款を添えて、その旨を行政庁に届け出なければならないとされています（農協法 72 条の 32 第 4 項）。これに違反したときは、理事は、50 万円以下の過料に処せられます（農協法 101 条 1 項 4 号）。

2　定款変更届

　定款の変更は、総組合員の 3 分の 2 以上の多数による特別決議を経なければならないとされています（農協法 72 条の 29 第 1 項、72 条の 30）。

　農事組合法人は、定款の変更をしたときは、変更の日（総会の決議の日）から 2 週間以内に、変更に係る事項を行政庁に届け出なければならないとされています（農協法 72 条の 29 第 2 項）。行政庁の認可は必要とされていません。この規定に違反した役員は 50 万円以下の過料に処せられます（農協法 101 条 1 項 4 号）。

3　合併届

　2 以上の農事組合法人が合併をしようとするときは、合併契約を締結して、総会の決議により、その承認を受けなければならないとされています（農協法 73 条 4 項、65 条 1 項）。合併には、新設合併と吸収合併があります。合併後存続する農事組合法人又は合併によって設立した農事組合法人は、合併によって消滅した農事組合法人の権利義務を承継します（農協法 73 条 4 項、68 条）。

合併をしたときは、合併の日（合併登記の日）から2週間以内に登記事項証明書（合併によって設立した農事組合法人にあっては、登記事項証明書及び定款）を添えて、その旨を行政庁に届け出なければならないとされています（農協法72条の35第3項）。行政庁の認可は必要ありません。この規定に違反した場合は、役員は、50万円以下の過料に処せられます（農協法101条1項4号）。

4　組織変更届

　出資農事組合法人は、その組織を変更して株式会社になることができます（農協法73条の2）。また、改正法により、非出資農事組合法人から一般社団法人への組織変更が認められました（農協法77条）。

　組織変更をする場合には、組織変更計画を作成し、総会の決議によりその承認を受けなければならないとされています（農協法73条の3第1項、78条第1項）。

　農事組合法人は、組織変更をしたときは、遅滞なく、その旨を行政庁に届け出なければならないとされています（農協法73条の10、80条）。

　この届出をせず、又は虚偽の届出をしたときは、役員は10万円以下の過料に処せられます（農協法100条の7第4号）。

5　解散届

　農事組合法人は、①総会の決議、②農事組合法人の合併、③農事組合法人についての破産手続開始の決定、④存立時期の満了、⑤行政庁による解散命令、⑥組合員の減少等の事由によって解散します（農協法73条4項、64条1項）。

　解散の効果として、清算手続に移行します。解散した農事組合法人は、清算の目的の範囲内において、その清算の結了に至るまでなお存続するものとみなされ（農協法72条の36）、清算の結了によって法人格が消滅します。

　農事組合法人は、解散したときは、その解散が合併又は行政庁による解散命令によるものである場合を除いて、解散の日から2週間以内に、その旨を行政庁に届け出なければならないとされています（農協法72条の34第2項）。

　この届出をせず、又は虚偽の届出をしたときは、役員は、50万円以下の過料に処せられます（農協法101条1項4号）。

6　清算結了届

　清算人は、債務を弁済し、残余財産を処分して清算事務が終了したときは、遅滞なく決算報告書を作成し、総会に提出してその承認を求めなければなりません（農協法 73 条 4 項、会社法 507 条 1 項・3 項）。

　清算人は、清算が結了したときは、その旨を行政庁に届け出なければならないとされています（農協法 72 条の 44）。

7　継続届

　農事組合法人は、総会の決議若しくは存立時期の満了により解散した場合には、その清算が結了するまでの間又はみなし解散の規定により解散したものとみなされた場合には、解散したものとみなされた後 3 年以内に限り、総会の特別決議によって農事組合法人を継続することができるとされています（農協法 73 条 4 項、64 条の 3）。農事組合法人を継続したときは、2 週間以内に、その旨を行政庁に届け出なければならないとされています（農協法 73 条 4 項、64 条の 3 第 3 項）。

　この届出をせず、又は虚偽の届出をしたときは、清算人は、50 万円以下の過料に処せられます（農協法 101 条 1 項 4 号）。

2　行政庁が監督を行うための法律上の手段

行政庁が農事組合法人に対して行う監督には、どのようなものがあるのですか。

　農事組合法人は、農業者の自主的な共同組織であり、農業協同組合法に基づき設立された小規模な法人であるとされています。また、事業内容においても、農業に係る共同利用施設の設置、農作業の共同化に関する事業、農業の経営、その附帯する事業に限られています。そのため、信用事業や共済事業のような公共的色彩の強い事業を行う農業協同組合等とは異なり、その運営等は極力農民の自主性に委ねられており、行政庁の農事組合法人に対する指導監督は必要最小限にとどめられています（「逐条解説」643 頁）。

　農協法では、行政庁が監督を行うための法律上の手段として、次に述べ

るような農事組合法人に対する報告の徴収、検査、必要措置命令等に関する規定が置かれています。さらに、行政庁は、一定の場合には、農事組合法人の解散を命ずることができるとされています。

1 報告の徴収・資料の提出命令

行政庁は、農事組合法人から、当該農事組合法人が法令、法令に基づいてする行政庁の処分、定款等を守っているかどうかを知るために必要な報告を徴することができるとされています（農協法93条1項）。この法令には、農協法以外の法令や地方公共団体の制定する条例や規則等が含まれるとされています（「逐条解説」644頁）。

また、行政庁は、農事組合法人に対し、組合員、役員、使用人、事業の分量その他農事組合法人の一般的状況に関する資料であって農事組合法人に関する行政を適正に処理するために特に必要なものの提出を命ずることができるとされています（農協法93条1項）。

2 検査

行政庁は、農事組合法人の業務又は会計が法令、法令に基づいて行われる行政庁の処分又は定款等に違反する疑いがあると認められるときは、いつでも、当該農事組合法人の業務又は会計の状況を検査することができるとされています（農協法94条2項）。

3 必要措置命令

行政庁は、農事組合法人から農協法93条の規定による報告を徴収した場合又は同法94条の規定による検査を行った場合において、その農事組合法人の業務又は会計が法令、法令に基づいて行われる行政庁の処分又は定款等に違反すると認められるときは、当該農事組合法人に対し、期間を定めて必要な措置を採るべき旨を命ずることができるとされています（農協法95条1項）。この「必要な措置」の範囲については、法令違反の解消のための具体的な措置をとらせるなど、法令、法令に基づいて行われる行政庁の処分などに違反する業務又は会計の処理を是正するために必要な措置であると解されています（「逐条解説」654頁）。

4 業務停止命令・役員改選命令

農事組合法人が農協法95条1項の必要措置命令に従わないときは、行政庁は、期間を定めて、業務の全部又は一部の停止、役員の改選を命ずることができるとされています（農協法95条2項）。

5　解散命令

　行政庁は、次の場合には、農事組合法人に対し、解散を命ずることができるとされています（農協法 95 条の 2）。

①　農事組合法人が、法律の規定に基づいて行うことができる事業以外の事業を行ったとき

②　農事組合法人が、正当な理由がないのに、その成立の日から 1 年を経過してもその事業を開始せず、又は 1 年以上事業を停止したとき

③　農事組合法人が法令に違反した場合において、行政庁が必要措置命令をしたにもかかわらず、同命令に従わないとき

　農事組合法人は、この解散命令により、当然に解散します（農協法 73 条 4 項、64 条 1 項 5 号）。

　なお、行政庁が農事組合法人の解散を命じた場合における解散の登記は、当該行政庁の嘱託によって行われます（組合等登記令 14 条 4 項）。

第 5　農事組合法人の管理

1　農事組合法人の役員

農事組合法人の役員について教えてください。

1　農事組合法人の役員

　農事組合法人には役員として理事を置かなければならないとされています（農協法 72 条の 17 第 1 項）。理事の定数は法定されていないため、定款で必要に応じて定めることになります。また、農事組合法人は、定款で定めることにより、役員として監事を置くことができます（同条 2 項）。監事を置くかどうかは任意であり、監事を置く場合には定款でその旨定めなければなりません。

　役員は、定款で定めるところにより、総会において選任するとされています（同条 3 項）。

2　理事・監事の資格

　農事組合法人の理事は、その農事組合法人の農民たる組合員でなけれ

ばならないとされています（同条4項）。なお、農協法の規定では、組合員の資格については、72条の13第1項1号の規定による組合員に限る（同項）としていますので、この農民には、農協法72条の13第2項の規定により農民とみなされる者は含まれないとされています。監事の資格については農協法の定めはありませんので、組合員以外の者でもなることができると解されています（「逐条解説」505頁）。また、農事組合法人の理事は、監事と兼ねることはできないとされています（農協法72条の17第5項）。

3　理事・監事の職務権限

　　農事組合法人においては、理事が、農事組合法人の全ての業務について、農事組合法人を代表し（農協法72条の19）、理事の代表権に加えた制限は、善意の第三者に対抗することができないとされています（同法72条の20）。

　　農事組合法人の監事は、農事組合法人の財産の状況及び理事の業務の執行の状況を監査するとされています（農協法72条の24第1号、2号）。また、監事は、財産の状況又は業務の執行について、法令若しくは定款に違反し、又は著しく不当な事項があると認めたときは、総会又は行政庁に報告する義務を負っています（同条3号）。そして、報告するため、必要があるときは、監事は、総会を招集することができるとされています（同条4号）。

4　役員の任期

　　役員の任期は、原則として、3年以内において定款で定める期間であるとされていますが、定款で定めるところにより、その任期を任期中の最終の事業年度に関する通常総会の終結の時まで伸長することができるとされています（農協法73条2項、31条1項）。

　　理事は、任期の満了、辞任、解任、行政庁の命令に基づく改選による退任、（農協法95条2項）、死亡、破産手続開始の決定、後見開始の審判を受けたこと（民法653条）、資格の喪失（農協法72条の17第4項）等により退任します。

　　定款で定めた役員の員数が欠けた場合には、任期の満了又は辞任により退任した役員は、新たに選任された役員が就任するまで、なお役員としての権利義務を有するとされています（農協法73条2項、39条1項前

段）。

5　役員の農事組合法人に対する損害賠償責任

　農事組合法人と役員との関係は、委任に関する規定に従うとされていますので、役員は、委任の本旨に従い、善良な管理者の注意をもって、委任事務を処理する義務を負っています（農協法 73 条 2 項、30 条の 3、民法 644 条）。したがって、役員がその任務を怠って農事組合法人に損害を与えた場合には、農事組合法人に対し、その損害を賠償する責任を負っています（農協法 73 条 2 項、35 条の 6 第 1 項）。

　また、役員がその職務を行うについて悪意又は重大な過失があった場合、また、理事が事業報告等の虚偽記載等をしたとき、監事が重要な事項につき監査報告に虚偽の記載をしたときについても当該役員は、これによって第三者に生じた損害を賠償する責任を負うとされています（農協法 73 条 2 項、35 条の 6 第 8 項、9 項）。ただし、これらの者が注意を怠らなかったことを証明したときは、この限りでないとされています（農協法 35 条の 6 第 9 項ただし書）。

2　総会

農事組合法人の総会とは、どのようなものですか。

　農事組合法人の総会は、農事組合法人の最高の意思決定機関であり、組合員全員で組織される会議体であるとされています。総会は、通常総会と臨時総会があります（農協法 72 条の 26、72 条の 27）。

1　農事組合法人の総会の開催

(1)　通常総会

　理事は、少なくとも毎年 1 回、通常総会を開かなければならないとされています（農協法 72 条の 26）。

　通常総会では、理事は、非出資農事組合法人にあっては、事業報告及び財産目録を、出資農事組合法人にあっては、事業報告、貸借対照表、損益計算書、剰余金処分案又は損失処理案を、監事の意見書を添えて提出しなければならないとされています（農協法 72 条の 25）。

(2)　臨時総会

　　理事は、必要があると認めるときは、いつでも臨時総会を招集することができます（農協法72条の27第1項）が、そのほかに、総組合員の5分の1以上から会議の目的である事項を示して請求があったときは、臨時総会を招集しなければならないとされています（同条2項）。また、監事が、財産の状況又は業務の執行について、法令若しくは定款に違反し、又は著しく不当な事項があると認めるときは、総会を招集することができるとされています（農協法72条の24第4号）。

2　招集の通知

　　総会の招集は、招集権者が、その総会の日の5日前までに、その会議の目的たる事項を示して、定款に定めた方法によって組合員に通知してしなければならないとされています（農協法72条の28第1項）。

　　総会においては、定款に特別の定めがある場合を除き、この通知した事項についてのみ決議をすることができるとされています（同条2項）。

3　総会の決議事項

　　次に掲げる事項は、総会の決議を経なければならないとされています（農協法72条の29第1項、72条の30）。

　　①　定款の変更

　　②　毎事業年度の事業計画の設定及び変更

　　③　事業報告等

　　④　農事組合法人の解散及び合併

　　⑤　組合員の除名

　　そのほかに、法定されているものとして、

　　⑥　役員の選任（農協法72条の17第3項）

　　⑦　理事以外の清算人の選任（農協法73条4項、71条1項）

　　⑧　残余財産の処分方法についての承認（農協法73条4項、71条1項）

　　なお、上記のうち、①定款の変更、④農事組合法人の解散及び合併及び⑤組合員の除名については、農事組合法人の総組合員の3分の2以上の多数による特別決議が必要とされています（農協法72条の30）。

　　農事組合法人が定款を変更したときは、変更の日から2週間以内に、変更に係る事項を行政庁に届け出なければなりません（農協法72条の

29第2項)。

4　総会議事録

(1)　議事録の作成義務

　　総会の議事の経過やその結果については、登記の申請手続や、総会の効力を争う訴訟等に関係するものであり、後日のために明確に記録される必要があります。

　　そこで、総会の議事については、農林水産省令で定めるところにより、議事録を作成しなければならないとされています（農協法73条2項、46条の4第1項）。

　　議事録は、書面又は電磁的記録により作成しなければならないとされています（施行規則178条1項）。

　　議事録に記載すべき事項は、次に掲げる事項です（施行規則178条2項）。

① 　総会が開催された日時及び場所
② 　総会の議事の要領及びその結果
③ 　総会に出席した理事及び監事の氏名
④ 　総会議長の氏名
⑤ 　議事録を作成した理事の氏名

(2)　議事録の備置き及び閲覧

　　理事は、総会の議事録を総会の日から10年間、主たる事務所に備えておかなければならないとされ、また、理事は、総会の日から5年間、議事録の写しを従たる事務所に備えて置かなければならないとされています（農協法46条の4第2項、3項）。ただし、当該議事録が電磁的記録で作成されている場合で、従たる事務所で閲覧等ができる措置をとっているときは、従たる事務所に備え置くことは必要ないとされています（同条3項ただし書、施行規則235条）。

　　組合員及び組合債権者は、組合の業務時間内は、いつでも、議事録の閲覧及び謄写を請求することができ、理事は、正当な理由がないのにこれを拒んではならないとされています（農協法46条の4第4項）。

第6 定款の作成

農事組合法人の定款に記載すべき事項には、どのようなものがありますか。

農事組合法人の定款とは、農事組合法人の組織、事業、運営などを定める基本的規則又はその内容を記載した書面をいいます。定款は、農事組合法人の設立に際し、発起人が共同して作成しなければならないとされています（農協法72条の32）。

定款には、①定款に必ず記載しなければならない絶対的記載事項、②定款に記載しなくてもよいが、定款に記載するとそれに拘束される事項、すなわち、農協法の規定により定款の定めがなければその効力を生じない相対的記載事項、③その他の事項として定款に記載が可能な任意的記載事項があります。

1 定款の記載事項

(1) 絶対的記載事項

農事組合法人の定款には、農協法72条の16第1項の規定に基づき、絶対的記載事項として、次の事項を記載し、又は記録しなければならないとされています（農協法72条の16第1項）。

ただし、非出資農事組合法人の定款には、次の事項のうち⑥、⑦、⑧に掲げる事項は、定款に記載し、又は記録しなくてもよいとされています。

① 事業

② 名称

③ 地区

④ 事務所の所在地

⑤ 組合員たる資格並びに組合員の加入及び脱退に関する事項

⑥ 出資1口の金額及びその払込みの方法並びに一組合員の有することのできる出資口数の最高限度

⑦ 剰余金の処分及び損失の処理に関する規定

⑧　準備金の額及びその積立ての方法

⑨　事業年度

⑩　公告の方法

⑪　役員の定数、職務の分担及び任免に関する規定

(2)　**相対的記載事項**

　農事組合法人の定款には、農協法 72 条の 16 第 2 項により同法 28 条 3 項が準用されていますので、次の事項を定めたときは、定款に定めることが必要です。

①　組合の存立時期を定めたときはその時期

②　現物出資する者を定めたときはその者の氏名、出資の目的である財産及びその価額並びにこれに対して与える出資口数

2　定款の記載例と留意点

　定款の記載例については、農林水産省のホームページに次のようなモデルが公表されています。

　以下、定款の記載例を掲げた上で、留意点を述べることとします。

(1)　**事業**

　農協法 72 条の 10 第 1 項に掲げる事業で、その農事組合法人が行おうとする事業を具体的に定めます。農事組合法人の事業については、農協法 72 条の 10 第 1 項において、限定されており、この範囲内において、農事組合法人は、事業を定款に定め、その定款に定めた事業の範囲において、これを行うことができます（平成 16・7・20 民商 2061 号民事局商事課長依命通知、民事月報 59 巻 9 号 129 頁）。

（事業）
第〇条　この組合は、次の事業を行う。
(1)　組合員の農業に係る共同利用施設の設置（当該施設を利用して行う組合員の生産する物資の運搬、加工又は貯蔵の事業を含む。）及び農作業の共同化に関する事業
(2)　農業の経営
(3)　前 2 号の事業に附帯する事業
（なお、農協法 72 条の 10 第 1 項 2 号括弧書の事業（農業経営）を行う場合には、この農業経営には、関連事業が含まれることとされており、以下の(3)の①の事業のほか、省令で②から④の事業が定められています。この場合には、次のように記載する。）

---

(1) 組合員の農業に係る共同利用施設の設置（当該施設を利用して行う組合員の生産する物資の運搬、加工又は貯蔵の事業を含む。）及び農作業の共同化に関する事業
(2) 農業の経営
(3) 前号に掲げる農業に関連する事業であって、次に掲げるもの
　① 農畜産物を原料又は材料として使用する製造又は加工
　② 農畜産物の貯蔵、運搬又は販売
　③ 農業生産に必要な資材の製造
　④ 農作業の受託
(4) 農業と併せ行う林業の経営
(5) 前4号の事業に附帯する事業

(2) 名称

　農事組合法人は、その名称中に農事組合法人という文字を用いなければならないとされています（農協法72条の5第1項）。名称の登記に用いることができるのは、日本文字のほか、ローマ字その他の符号で法務大臣の指定するものに限られます（各種法人等登記規則5条、商業登記規則50条。平成14年法務省告示315号）。

　ローマ字その他の符号としては、次のものがこれに該当します。

① 　ローマ字（AからZまでの大文字及びこれらの小文字）
② 　アラビア数字（0123456789）
③ 　次の符号
　a 　「&」（アンパサンド）
　b 　「'」（アポストロフィー）
　c 　「,」（コンマ）
　d 　「-」（ハイフン）
　e 　「.」（ピリオド）
　f 　「・」（中点）

（名称）
第○条　この組合は、農事組合法人○○（又は○○農事組合法人）という。

(3) 地区

　農事組合法人の地区は、農事組合法人の事業活動を行う地域を示すも

のではなく、組合員の資格を決定するためのものであるとされています。すなわち、地区内に住所を有する者又は耕地を有する者等、地区を基準として組合員資格を定めることになります。地区の範囲は、農民たる組合員の住所がある最小行政区画（市区町村）又はそれ以下（大字、字等）で規定することとし、最小行政区画が複数ある場合は、これを列記することとされています（「農事組合法人定款例」農林水産省ホームページ）。

（地区）

第○条　この組合の地区は、○○県○○郡○○村字○○の区域とする。

---

(4) 事務所の所在地

事務所とは、主たる事務所及び従たる事務所をいいます。事務所の所在地については、最小行政区画である市町村（東京都の特別区を含む。）により表示すれば足り、何丁目何番地まで表示する必要はないとされています。

（事務所）

第○条　この組合は、事務所を○○県○○郡○○村に置く。

---

(5) 組合員たる資格並びに組合員の加入及び脱退に関する規定

農事組合法人の組合員たる資格を有する者は、農協法72条の13第1項に該当する者のうち、組合員とする者の範囲を具体的に定めます。

なお、農協法72条の13で定める「農民」とは、自ら農業を営み、又は農業に従事する個人をいい（農協法2条2項）、また、「組合」に組合員資格が認められていますが、この「組合」とは、農業協同組合及び農業協同組合連合会が該当します（農協法4条）。

そのほか、加入及び脱退に関する規定として、加入の申込み、加入の承諾等の手続、脱退の予告手続等を定めます。

（組合員の資格）

第○条　この組合の組合員たる資格を有するものは、次に掲げる者とする。

(1) 農業を営む個人であって、その住所又はその経営に係る土地若しく

は施設がこの組合の地区内にあるもの
  (2) 農業に従事する個人であって、その住所又はその従事する農業に係る土地若しくは施設がこの組合の地区内にあるもの
  (3) 農業協同組合及び農業協同組合連合会で、この地区にこの組合の地区の全部又は一部を含むもの
  (4) この組合に農業経営基盤強化促進法第7条第3号に掲げる事業に係る現物出資を行った農地中間管理機構
  (5) この組合からその事業に係る物資の供給又は役務の提供を継続して受ける個人
  (6) この組合に対してその事業に係る特許権についての専用実施権の設定又は通常実施権の許諾に係る契約、新商品又は新技術の開発又は提供に係る契約、実用新案権についての専用実施権の設定又は通常利用権の許諾に係る契約及び育成者権についての専用利用権の設定又は通常利用権の許諾に係る契約を締結している者
2 この組合の前項第1号又は第2号の規定による組合員が農業を営み、若しくは従事する個人でなくなり、又は死亡した場合におけるその農業を営まなくなり、若しくは従事しなくなった個人又はその死亡した者の相続人であって農業を営まず、若しくは従事しない者は、この組合との関係においては、農業を営み、又は従事する個人とみなす。
3 この組合の組合員のうち第1項第5号及び第6号に掲げる者及び前項の規定により農業を営み、又は従事する個人とみなされる者の数は、総組合員の数の3分の1を超えてはならない。
  (なお、「農業の経営」の事業を行わない組合については、「組合員の資格」については、次のように記載します。)
〔(組合員の資格)〕
第○条 次に掲げる者は、この組合の組合員となることができる。
  (1) 農業を営む個人であって、その住所又はその経営に係る土地若しくは施設がこの組合の地区内にあるもの
  (2) 農業に従事する個人であって、その住所又はその従事する農業に係る土地若しくは施設がこの組合の地区内にあるもの
(加入)
第○条 この組合の組合員になろうとする者は、引き受けようとする出資口数及びこの組合の事業に常時従事するかどうかを記載した加入申込書をこの組合に提出しなければならない。
2 この組合は、前項の申込書の提出があったときは、総会でその加入の諾否を決する。
  (なお、加入の諾否の決定を、組合員全員の同意にかからしめる場合には、上記「総会で」を「組合員全員の同意を得て」と改める必要があります)。

3　この組合は、前項の規定によりその加入を承諾したときは、書面を
もってその旨を加入申込みをした者に通知し、出資の申込みをさせると
ともに組合員名簿に記載し、又は記録するものとする。

4　加入申込みをした者は、前項の規定による出資の払込みをすることに
よって組合員となる。

5　出資口数を増加しようとする組合員については、第1項から第3項ま
での規定を準用する。

（脱退）

第○条　組合員は60日前までに脱退する旨を書面をもってこの組合に予
告し、当該事業年度の終わりにおいて脱退することができる。

2　組合員は、次の事由によって脱退する。

　⑴　組合員たる資格の喪失

　⑵　死亡又は解散

　⑶　除名

　⑷　持分全部の譲渡

⑹　出資1口の金額及びその払込みの方法並びに1組合員の有することのできる出資口数の最高限度

　出資農事組合とするか、非出資農事組合とするかは法人の自由であ
るとされますが、農業経営事業を行う農事組合法人は、出資農事組合
法人でなければならないとされています（農協法72条の10第2項）。

　出資1口の金額は均一でなければならないとされています（農協法
73条1項、13条3項）が、具体的な金額は、農事組合法人が適宜定め
ることができるとされています（「逐条解説」502頁）。

　なお、出資口数の最高限度は、法令上の制限はないが、1組合員の
出資額が組合を支配することのない程度の上限額を定める必要がある
とされています（前掲書243頁）。

（出資義務）

第○条　組合員は、出資1口以上を持たなければならない。ただし、出資
総口数の100分の○○を超えることができない。

（出資1口の金額及び払込方法）

第○条　出資1口の金額は、金○○円とし、全額一時払込みとする。

2　組合員は、前項の規定による出資の払込みについて、相殺をもってこ
の組合に対抗することができない。

(7) 剰余金の処分及び損失の処理に関する規定

　剰余金とは、損益計算上の利益金をいい、剰余金の処分については、剰余金のうち準備金及び積立金、剰余金の配当、翌事業年度への繰越額等について定めます。また、損失の処理については、損失のてん補のための内部留保の取崩しの順位を定めることとされています（「逐条解説」242頁）。

　なお、剰余金の配当に関しては、出資農事組合法人は、損失を含め、農協法73条2項において準用する同法51条1項の利益準備金及び同条3項の資本準備金を控除した後でなければ、剰余金の配当はできないとされています（農協法72条の31第1項）。また、剰余金の配当は、事業利用分量配当及び出資配当のほか、農業経営に対する従事分量配当があり、これらの配当方法のいずれかをとるか、いずれを優先させるかなどは農事組合法人の自主的な判断に委ねられており、定款で自由に定めることができるとされています（農協法72条の31第2項）。なお、出資配当率の限度は、年7分以内とされています（施行令41条）。

（剰余金の処分）

第○条　剰余金は、利益準備金、資本準備金、配当金及び次期繰越金としてこれを処分する。

（なお、農事組合法人が、剰余金を配当として処分する場合において、利用分量配当及び出資配当の方法で行う場合には、次のように規定します。）

第○条　この組合が組合員に対して行う配当は、毎事業年度の剰余金の範囲内において行うものとし、組合員の事業の利用分量の割合に応じてする配当及び組合員の出資の額に応じてする配当とする。

2　事業の利用分量の割合に応じてする配当は、その事業年度における施設の利用に伴って支払った手数料その他施設の利用の程度を参酌して、組合員の事業の利用分量に応じてこれを行う。

3　出資の額に応じてする配当は、事業年度末における組合員の払込済出資額に応じてこれを行う。

4　前2項の配当は、その事業年度の剰余金処分案の議決する総会の日において組合員である者について計算するものとする。

5　配当金の計算上生じた1円未満の端数は、切り捨てるものとする。

（損失金の処理）
第○条　この組合は、事業年度末に損失金がある場合には、利益準備金及
　　び資本準備金の順に取り崩して、その填補に充てるものとする。

(8)　準備金の額及びその積立ての方法

　　準備金とは、剰余金を一定の目的のために内部留保しておくもので
あり、法律上積立てが義務づけられる法定準備金と定款又は総会の決
議により積み立てられる任意準備金があります（「逐条解説」384 頁）。
　　準備金の積立てについては、農協法 73 条において同法 51 条 1 項か
ら 6 項までの規定が準用されていますので、この規定に適合する範囲
内で積み立てるべき法定準備金の額及び積立方法について定めること
が必要であるとされています（「逐条解説」502 頁）。
　　利益準備金については、出資総額の 2 分の 1 以上で定款で定める額
に達するまでは、毎事業年度の剰余金の 10 分の 1 以上を積み立てな
ければならないとされています（農協法 73 条 2 項、51 条 1 条、2 項）。
　　また、組合は、出資 1 口の金額の減少により生じた剰余金及び合併に
より生じた合併差益を、資本準備金として積み立てなければならないとさ
れています（農協法 73 条、51 条 3 項、4 項）。ただし、合併により消滅した
組合の利益準備金その他合併直前に留保していた利益額については、資
本準備金に繰り入れないことができるとされています（「逐条解説」385 頁）。

（利益準備金）
第○条　この組合は、出資総額の○○に達するまで、毎事業年度の剰余金
　　（繰越損失金のある場合は、これを填補した後の残額）の 10 分の 1 に相
　　当する金額以上の金額を利益準備金として積み立てるものとする。

（資本準備金）
第○条　減資差益及び合併差益は、資本準備金として積み立てなければな
　　らない。ただし、合併差益のうち合併により消滅した組合の利益準備金
　　その他当該組合が合併直前において留保していた利益の額については資
　　本準備金に繰り入れないことができる。

(9) 事業年度

事業年度の期間については、農協法には特段の規定はありませんが、通例は1年と定めます。

（事業年度）
第○条　この組合の事業年度は、毎年4月1日から翌年3月31日までの1年とする。

---

(10) 公告の方法

農事組合法人は、公告の方法として、事務所の掲示場に掲示する方法を定款で定めなければならないとされているほか（農協法97条の4第1項）、①官報に掲載する方法、②時事に関する事項を掲載する日刊新聞紙に掲載する方法、③電子公告、のいずれかを定款で定めることができるとされています（同条2項）。

なお、電子公告を公告の方法とする旨を定める場合には、電子公告を公告の方法とする旨を定めれば足りるとされています。この場合においては、事故その他やむを得ない事由によって電子公告による公告をすることができない場合の公告の方法として、①官報に掲載する方法、又は②時事に関する事項を掲載する日刊新聞紙に掲載する方法のいずれかを定めることができるとされています（同条3項）。

（公告の方法）
第○条　この組合の公告は、この組合の掲示場に掲示してこれをする。
（事務所の掲示場に掲示するほか、時事に関する事項を掲示する日刊新聞紙に掲載する方法により公告を行う場合）
第○条　この組合の公告は、この組合の掲示場に掲示し、かつ、○○県において発行する○○新聞に掲載する方法によってこれをする。
（電子公告による公告を行う場合）
第○条　この組合の公告は、この組合の掲示場に掲示し、かつ、電子公告による公告によってこれをする。ただし、事故その他やむを得ない事由によって電子公告によることができないときは、○○県において発行する○○新聞に掲載して行う。

⑾　**役員の定数、職務の分担及び任免に関する規定（農協法 72 条の 16 第 1 項 2 号）**

　農事組合法人には役員として理事を置かなければならないとされています（農協法 72 条の 17 第 1 項）。また、定款で定めるところにより、役員として監事を置くことができるとされています（同条 2 項）。すなわち、農事組合法人に監事を置くかどうかは任意であり、置く場合には定款でその旨を定めなければなりません。

　農事組合法人の役員の定数については、農協法では法定されていないため、組合が任意に定款で定めることになります。

　役員は、定款で定めるところにより、総会において選任します（同条 3 項）。なお、農事組合法人の理事は、その組合の農民たる組合員でなければならないとされ、理事と監事とを兼ねることはできないとされています（同条 4 項、5 項）。監事の資格については法律上の定めはありません。

　役員の任期は、3 年以内において定款で定める期間であるとされています。ただし、定款の定めるところにより、その任期中の最終事業年度に関する通常総会の終結の時までその任期を伸長することができるとされています（農協法 73 条 2 項、31 条 1 項）。

　農事組合法人の理事は、農事組合法人の全ての業務について、農事組合法人を代表します（農協法 72 条の 19）。したがって、理事が複数ある場合でも、各理事は単独で農事組合法人を代表することができます。ただし、定款又は総会の決議により、代表権を有する者を一部の理事に限定することができるとされています（農協法 72 条の 19 ただし書）。しかし、理事の代表権に加えられた制限は、これをもって善意の第三者に対抗することはできない（農協法 72 条の 20）とされていますので、内部的にその代表権が制限されても、対外的には代表権を有することになりますので、理事は全て代表権を有するものとして登記をすることを要します。

　農事組合法人と役員との関係は、委任に関する規定に従うとされています（農協法 73 条 2 項、30 条の 3）。したがって、役員には、善良な管理者の注意をもって委任事務を処理する義務があります（民法 644 条）。また、理事は、法令、法令に基づいてする行政庁の処分、定款

等及び総会の決議を遵守し、組合のため忠実にその職務を遂行する義務があります（農協法73条2項、35条の2第1項）。

　そして、役員がその任務を怠って農事組合法人に損害を与えたときは、農事組合法人に対し、これによって生じた損害を賠償する義務があるとされ（農協法73条2項、35条の6第1項）、役員がその職務を行うについて悪意又は重大な過失があったときは、これによって第三者に生じた損害を賠償する責任を負うとされています（農協法73条2項、35条の6第8項）し、理事が事業報告等の虚偽記載等をしたときも、第三者に生じた損害を賠償する責任があるとされています（農協法73条2項、35条の6第8項、9項1号、10項）。

（役員の定数）
第○条　この組合に、役員として、理事○人及び監事○人を置く。
（役員の選任）
第○条　役員は、総会において選任する。
2　前項の規定による選任は、総組合員の過半数による決議を必要とする。
3　理事は、定款第○条第1項第1号又は第2号の規定による組合員でなければならない。
（役員の解任）
第○条　役員は、任期中でも総会においてこれを解任することができる。
（代表理事の選任）
第○条　理事は代表理事○人を互選するものとする。
（理事の職務）
第○条　代表理事は、この組合を代表し、その業務を掌理する。
2　理事は、あらかじめ定めた順位に従い、代表理事に事故あるときはその職務を代理し、代表理事が欠員のときはその職務を行う。
（監事の職務）
第○条　監事は、次に掲げる職務を行う。
　⑴　この組合の財産の状況を監査すること。
　⑵　理事の業務の執行の状況を監査すること。
　⑶　財産の状況及び業務の執行について、法令若しくは定款に違反し、又は著しく不当な事項があると認めるときは、総会又は行政庁に報告すること。
　⑷　前号の報告をするために必要があるときは、総会を招集すること。
（役員の責任）
第○条　役員は、法令、法令に基づいてする行政庁の処分、定款等及び総

会の決議を遵守し、この組合のため忠実にその職務を遂行しなければならない。

2　役員は、その職務上知り得た秘密を正当な理由なく他人に漏らしてはならない。

3　役員がその職務を怠ったときは、この組合に対し、これによって生じた損害を賠償する責任を負う。

4　役員がその職務を行うについて悪意又は重大な過失があったときは、その理事は、これによって第三者に生じた損害を賠償する責任を負う。

5　次の各号に掲げる者が、その各号に定める行為をしたときも、前項と同様とする。ただし、その者がその行為をすることについて注意を怠らなかったことを証明したときは、この限りでない。

⑴　理事　次に掲げる行為

　ア　法第72条の25第1項の規定により作成すべきものに記載し、又は記録すべき重要な事項についての虚偽の記載又は記録

　イ　虚偽の登記

　ウ　虚偽の公告

⑵　監事　監査報告に記載し、又は記録すべき重要な事項についての虚偽の記載又は記録

6　役員が、前3項の規定により、この組合又は第三者に生じた損害を賠償する責任を負う場合において、他の役員もその損害を賠償する責任を負うときは、これらの者は、連帯債務者とする。

（役員の任期）

第○条　役員の任期は就任後○年以内に終了する最終の事業年度に関する通常総会の終結の時までとする。ただし、補欠選任及び第95条第2項の規定による改選によって選任される役員の任期は、退任した理事の残任期間とする。

2　前項ただし書の規定による選任が、役員の全員にかかるときは、その任期は、同項ただし書の規定にかかわらず、就任後○年以内に終了する最終の事業年度に関する通常総会の終結の時までとする。

3　役員の数が、その定数を欠くこととなった場合には、任期の満了又は辞任によって退任した役員は、新たに選任された役員が就任するまで、なお役員としての権利義務を有する。

（特別代理人）

第○条　この組合と理事との利益が相反する事項については、この組合が総会において選任した特別代理人がこの組合を代表する。

(12)　**存立時期**

　　農事組合法人の存立時期を定めたときは、組合の存立の期間又は期限を記載します（農協法72条の16第2項、28条3項）。定款の相対的記載事項とされています。

(13)　**現物出資**

　　現物出資は、定款の相対的記載事項とされていますので、定款に記載しなければ、その効力を生じません。現物出資者を定めたときは、その者の氏名、出資の目的である財産及びその価額並びにこれに対して与える出資口数を定款に定めなければならないとされています（農協法72条の16第2項、28条3項）。

第7　登記申請の手続及び方法

　　登記申請書の提出先及び提出方法について、教えてください。

1　登記申請書類の提出先

　　組合等の登記の事務は、営業所の所在地（農事組合法人の主たる事務所）を管轄する法務局若しくは地方法務局若しくはこれらの支局又はこれらの出張所が管轄登記所としてつかさどることとされています（組合等登記令25条、商業登記法1条の3）。

　　しかしながら、多くの法務局及び地方法務局においては、会社や法人に関する登記に係る管轄を法務局若しくは地方法務局の本局に集中させていますので、登記申請書及びその添付書類の提出先について留意する必要があります。

2　登記申請書類の提出方法

　　登記申請の方法は、当事者又はその代理人が登記所に出頭又は郵送若しくはオンラインによって申請します。なお、登記申請を郵送により行う場合の登記年月日は、申請書が登記所に到達し、受付手続を行った日になります。

　オンライン申請は、登記所に提出する全ての書類が電磁化されていなくてもすることができ、この場合は、電磁化されていない書類は、窓口に持参することも、又は郵送ですることも認められています（各種法人等登記規則 5 条、商業登記規則 102 条 2 項ただし書）。

3　主たる事務所と従たる事務所の一括申請

　法務大臣の指定する登記所の管轄区域内に主たる事務所を有する法人の従たる事務所の所在地でする登記の申請は、その従たる事務所が、法務大臣の指定する他の登記所の管轄区域内にあるときは、所定の手数料を納付して（1 件につき 300 円の収入印紙）、主たる事務所の所在地を管轄する登記所を経由してすることができます。この場合、従たる事務所の所在地においてする登記の申請と主たる事務所の所在地においてする登記の申請は、同じ書面で同時に一括申請しなければなりません。この場合、従たる事務所の所在地においてする登記の申請には、書面の添付は必要とはされていません（組合等登記令 25 条、商業登記法 49 条 1 項、3 項〜5 項、各種法人等登記規則 5 条、商業登記規則 63 条 1 項、3 項）。

第3章
農事組合法人の設立の登記

第1　設立の手続

農事組合法人の設立の手続について教えてください。

1　概説

　農事組合法人は、組合員の農業生産についての協業を図ることによりその共同の利益を増進することを目的として、農協法に基づき設立された、比較的小規模で、人的結合の強い法人であるとされます（「逐条解説」486頁）。そのようなことから、農事組合法人の設立には行政庁の認可は必要とされず、一定の手続を踏んで設立登記をすることにより成立します。これを準則主義といいます。

　農事組合法人の設立の手続の流れを示せば、次のとおりです。

(1)　農事組合法人を設立するためには、3人以上の農民が発起人となる必要があります（農協法72条の32第1項）。農民とは、自ら農業を営む個人、又は農業に従事する個人をいいます（農協法2条2項）。

(2)　発起人は、共同して定款を作成し、組合員の中から役員を選任し、その他設立に必要な行為をしなければならないとされています（農協法72条の32第2項）。なお、選任する理事は、農事組合法人の組合員でなければならないとされています（農協法72条の32第3項、72条の17第4項）。この発起人が共同してとは、発起人全員の合意を意味し、定款の内容に1人でも反対があれば、適法に作成された定款とはいえないとされています（「逐条解説」518頁）。

　発起人は、理事を選任したときは、遅滞なく、その事務を理事に引き渡さなければならないとされています（農協法73条3項、62条1項）。

　定款の記載事項については、Q9を参照願います。

(3)　組合員による出資の払込み

　　出資農事組合法人の理事は、発起人から事務の引渡しを受けたとき
は、遅滞なく、出資の第1回の払込みをさせなければなりません（農
協法73条3項、62条2項）。現物出資をする者は、出資の第1回の払
込みの期日に、出資の目的たる財産の全部を給付しなければならない
とされていますが、登記、登録その他権利の設定又は移転をもって第
三者に対抗するための必要な行為は、農事組合法人成立の後にするこ
とができるとされています（農協法73条3項、62条3項）。

(4)　設立の登記

　　農事組合法人は、主たる事務所の所在地において、設立の登記をす
ることによって成立します（農協法73条3項、63条1項、72条の9、9
条1項）。そのために、理事は、設立に必要な手続が終了した日から2
週間以内に、主たる事務所の所在地において設立の登記を行わなけれ
ばならないとされています（組合等登記令2条）。

(5)　行政庁への届出

　　農事組合法人は、成立したときは、設立の日（設立の登記の日）か
ら2週間以内に、登記事項証明書及び定款を添えて、その旨を行政庁
に届け出なければならないとされています（農協法72条の32第4項）。

2　農業協同組合法の改正による登記の根拠規定の改正

　　農業協同組合法等の一部を改正する等の法律（平成27年法律第63
号。以下「改正法」という。）及び組合等登記令の一部を改正する政令
（平成28年政令第26号。以下「改正政令」という。）が、いずれも平成28
年4月1日から施行されています。

　　改正法の施行前は、農事組合法人の登記については、改正前の農業協
同組合法第4章（74条から92条まで）の規定によるとされていたとこ
ろ、改正法によりこれらの規定は削除され、農事組合法人は、政令で定
めるところにより登記しなければならないとされました（農協法73条の
9第1項、9条1項）。

　　したがって、改正法の施行後は、農事組合法人の登記については、他
の法令に別段の定めのある場合を除くほか、組合等登記令の定めるとこ
ろによることとされました（組合等登記令1条、別表。平成28・3・8民商
31号民事局商事課長通知）。

第2　設立の登記手続

農事組合法人の設立登記の手続について教えてください。

　農事組合法人の設立の登記は、その組合を代表すべき者、すなわちその組合の理事がすることになります（農協法72条の9、9条、組合等登記令16条）。理事は各人が代表権を有していますので、理事のうち、1人の理事が単独で申請することができます。

(1)　登記期間

　　農事組合法人の設立の登記は、設立に必要な手続が終了した日から2週間以内に、主たる事務所の所在地においてしなければならないとされています（農協法72条の9、9条、組合等登記令2条1項）。

　　なお、出資農事組合法人についての「設立に必要な行為」の手続が終了した日とは、出資払込に必要な手続が終了した日、すなわち、出資第1回の払込みがあった日であると解されています（大西勇「『農業協同組合法等の一部を改正する等の法律等の施行に伴う法人登記事務の取扱いについて（通知)』の解説（上)」民事月報71巻5号51頁。以下「民事月報71巻5号」という。)。

(2)　登記すべき事項

ア　主たる事務所の所在地における登記

　　農事組合法人の設立の登記においては、次に掲げる事項を登記しなければならないとされています（農協法72条の9、9条、組合等登記令2条2項、別表)。

①　名称

　　農事組合法人は、その名称中に「農事組合法人」という文字を用いなければならないとされています（農協法72条の5)。

②　事務所の所在場所

　　主たる事務所及び従たる事務所の具体的な所在地番まで登記する必要があります。

③　事業

定款に掲げられている事業を登記します。

　農事組合法人の事業については、農協法72条の10第1項において、①農業に係る共同利用施設の設置（当該施設を利用して行う組合員の生産する物資の運搬、加工又は貯蔵の事業を含む。）又は農作業の共同化に関する事業、②農業の経営（その行う農業に関連する事業であって農畜産物を原料又は材料として使用する製造又は加工その他農林水産省令で定めるもの及び農業と併せ行う林業の経営を含む。）、③①、②の事業に附帯する事業に限定されており、この範囲において、これを行うことができるとされています。

④　地区

　地区の範囲は、最小行政区画（市区町村）又はそれ以下の大字、字の単位で、定款に定められた地区を登記します。

⑤　出資1口の金額及びその払込みの方法並びに出資の総口数及び払込済みの出資の総額（出資農事組合法人についての登記事項です。）

⑥　代表権を有する者の氏名、住所及び資格

　農事組合法人においては、理事が、農事組合法人の全ての業務について、農事組合法人を代表し（農協法72条の19）、理事の代表権に加えた制限は、善意の第三者に対抗することができないとされています（農協法72条の20）から、理事全員を代表権を有する者として登記することになります（「民事月報71巻5号」53頁）。

⑦　存続期間又は解散の事由を定めたときは、その期間又は事由

⑧　公告の方法

　定款で定められた公告の方法を記載します。

　電子公告を公告の方法とする旨の定めがあるときは、電子公告により公告すべき内容である情報について不特定多数の者がその提供を受けるために必要な事項であって法務省令で定めるもの、また、事故その他やむを得ない事由によって電子公告による公告をすることができない場合の公告の方法についての定めがあるときは、その定めも登記しなければなりません（農協法97条の4）。

イ　従たる事務所所在地における登記

　従たる事務所の所在地における登記においては、次に掲げる事項を登記しなければならないとされています（農協法72条の9、9条、組合

等登記令11条2項)。

① 名称

② 主たる事務所の所在地

③ 従たる事務所（その所在地を管轄する登記所の管轄区域内にあるものに限る。）の所在場所

なお、従たる事務所の所在地において登記する場合には、法人成立の年月日をも登記しなければなりません（農協法72条の9、9条、組合等登記令25条、商業登記法48条2項）。

⑶ **添付書類**

主たる事務所の所在地においてする設立登記の申請書には、次の書面を添付しなければならないとされています（農協法72条の9、9条、組合等登記令16条2項、3項）。

① 定款

② 出資の総口数及び出資第1回の払込みのあったことを証する書面（出資農事組合法人についてのみ添付する。）

　　i 出資の総口数を証する書面としては、組合員の出資引受書

　　ii 出資第1回の払込みのあったことを証する書面としては、出資金領収書（又はその控え）又は銀行等で払込みの取扱いを行ったときは、銀行等の保管証明書が該当します。

③ 代表権を有する者の資格を証する書面

　　i 代表権を有する者が選任機関によって選任されたことを証する書面を添付します。設立当初の役員は、発起人によって選任されますので（農協法72条の32第2項）、発起人による理事選任書が該当します。

　　ii 理事が就任を承諾したことを証する書面

④ 委任状

代理人に登記申請を委任した場合に添付します。

なお、各種法人等登記規則5条において商業登記規則61条4項は準用されていないことから、農事組合法人の設立の登記に関し、代表理事又は理事が就任を承諾したことを証する書面に押印した印鑑につき、市町村長の作成に係る印鑑証明書の添付は不要です。

また、各種法人等登記規則5条において商業登記規則61条7項は

準用されていないため、農事組合法人の設立の登記に関し、同項に定める就任を承諾したことを証する書面に記載した氏名及び住所と同一の氏名及び住所が記載されている市町村長その他の公務員が職務上作成した証明書（本人確認証明書）の添付も不要です。

申請書書式
（出資農事組合法人の設立登記）

農事組合法人設立登記申請書

    フリガナ　　　　　オオゾラカイ　　　　　　　　　　　　（注1）
1　名　　称　　　　農事組合法人大空会

1　主たる事務所　　埼玉県熊谷市中央町一丁目1番1号

1　登記の事由　　　令和○年○月○日設立の手続終了　　　（注2）

1　登記すべき事項　別紙のとおりの内容をオンラインにより提出済み
　　　　　　　　　　　　　　　　　　　　　　　　　　　　（注3）

1　添付書類　　　　定款　　　　　　　　　　　1通
　　　　　　　　　　出資の総口数及び出資第1回の
　　　　　　　　　　払込みがあったことを証する書
　　　　　　　　　　面　　　　　　　　　　　　○通
　　　　　　　　　　（出資の目的たる財産の給付が
　　　　　　　　　　あったことを証する書面）　　○通　　（注4）

　　　　　　　　　　役員選任決議書　　　　　　○通　　（注5）
　　　　　　　　　　就任承諾書　　　　　　　　○通
　　　　　　　　　　委任状　　　　　　　　　　1通　　（注6）

上記のとおり登記の申請をします。
　　令和○年○月○日
　　　　　　　　　　　埼玉県熊谷市中央町一丁目1番1号
　　　　　　　　　　　申請人　　　　農事組合法人大空会
　　　　　　　　　　　埼玉県熊谷市中央町一丁目2番2号
　　　　　　　　　　　理事　　　　甲　山　一　郎　㊞　（注7）

埼玉県さいたま市浦和区浦和一丁目1番1号
上記代理人　　山　川　太　郎　㊞　　　（注8）
連絡先の電話番号

さいたま地方法務局　御中

（注1）名称のフリガナは、法人の種類を表す部分（農事組合法人）を除いて、片仮名で左に詰めて記載します。

（注2）設立手続終了の日として、出資第1回の払込みを完了した日を記載します。

（注3）登記すべき事項についてはCD-R（又はDVD-R）に記録し、登記所に提出します。なお、CD-R等に代えて、オンラインによりあらかじめ、登記すべき事項を提出することができます。

（注4）現物出資があった場合に記載します。

（注5）代表権を有する者（理事）が選任機関によって選任されたことを証する書面を添付します。設立当初の役員は、発起人によって選任されることから、発起人による理事選任書等が該当します。

（注6）代理人に登記申請を委任した場合に添付します。

（注7）理事の印鑑は、理事が登記所に提出した印鑑を押印します。

　　　登記の申請書に押印すべき理事は、あらかじめ登記所に印鑑を提出することとされていますので、法人を代表すべき理事の印鑑について、印鑑届書を提出する必要があります。なお、この印鑑届書には、市町村長の作成した3か月以内の印鑑証明書を添付する必要があります（組合等登記令25条、商業登記法20条、各種法人等登記規則5条、商業登記規則9条5項1号）。

（注8）代理人が申請する場合に記載し、代理人の印鑑を押印します。この場合には、理事の押印は必要ありません。

参考（注）登記申請書が複数ページになる場合は、各ページの綴り目に登記申請書に押印した印鑑（理事が登記所に提出した印鑑又は代理人の印鑑）と同一の印鑑で契印します。

（登記すべき事項をオンラインにより提供する場合の別紙の例）

「名称」農事組合法人大空会
「主たる事務所」埼玉県熊谷市中央町一丁目1番1号
「目的等」
事業
1　組合員の農業に係る共同利用施設の設置（当該施設を利用して行う組

合員の生産する物資の運搬、加工又は貯蔵の事業を含む。）及び農作業
の共同化に関する事業
2　農業の経営
3　前2号の事業に附帯する事業
「役員に関する事項」
「資格」理事
「住所」埼玉県熊谷市中央町一丁目2番2号
「氏名」甲山一郎
「役員に関する事項」
「資格」理事
「住所」埼玉県熊谷市中央町○丁目○番○号
「氏名」○○○○
「役員に関する事項」
「資格」理事
「住所」埼玉県熊谷市○○町○丁目○番○号
「氏名」○○○○
「公告の方法」この組合の掲示場に掲示し、かつ、埼玉県において発行す
る○○新聞に掲載する。
「出資1口の金額」金○○円
「出資の総口数」○○口
「払込済出資総額」金○○円
「出資払込の方法」全額一時払込みとする。
「地区」埼玉県熊谷市の区域
「登記記録に関する事項」設立

（出資農事組合法人の定款例）

農事組合法人大空会定款

第1章　総　則

（目的）
第○条　この組合は、組合員の農業生産についての協業を図ることにより
その生産性を向上させ、組合員の共同の利益を増進することを目的とする。
（名称）
第○条　この組合は、農事組合法人大空会という。
（地区）

第○条　この組合の地区は、埼玉県熊谷市の区域とする。
（事務所）
第○条　この組合は、事務所を埼玉県熊谷市に置く。
（公告の方法）
第○条　この組合の公告は、この組合の掲示場に掲示し、かつ、埼玉県において発行する○○新聞に掲載する方法によってこれをする。

第2章　事　業

（事業）
第○条　この組合は、次の事業を行う。
  (1)　この組合の農業に係る共同利用施設の設置（当該施設を利用して行う組合員の生産する物資の運搬、加工又は貯蔵を含む。）及び農作業の共同化に関する事業
  (2)　農業の経営
  (3)　前2号の事業に附帯する事業
（員外利用）
第○条　この組合は、組合員の利用に差し支えない限り、組合員以外の者に前条第1号の事業を利用させることができる。ただし、組合員以外の者の利用は、農業協同組合法（昭和22年法律第132号。以下「法」という。）第72条の10第3項に規定する範囲内とする。

第3章　組合員

（組合員の資格）
第8条　次に掲げる者は、この組合の組合員となることができる。
  (1)　農業を営む個人であって、その住所又はその経営に係る土地若しくは施設がこの組合の地区内にあるもの
  (2)　農業に従事する個人であって、その住所又はその従事する農業に係る土地若しくは施設がこの組合の地区内にあるもの
  (3)　農業協同組合及び農業協同組合連合会で、その地区にこの組合の地区の全部又は一部を含むもの
  (4)　この組合に農業経営基盤強化促進法（昭和55年法律第65号）第7条第3号に掲げる事業に係る現物出資を行った農地中間管理機構
  (5)　この組合からその事業に係る物資の供給又は役務の提供を継続して受ける個人
  (6)　この組合に対してその事業に係る特許権についての専用実施権の設定又は通常実施権の許諾に係る契約、新商品又は新技術の開発又は提供に係る契約、実用新案権についての専用実施権の設定又は通常実施権の許諾に係る契約及び育成者権についての専用利用権の設定又は通

常利用権の許諾に係る契約を締結している者

2　この組合の前項第1号又は第2号の規定による組合員が農業を営み、若しくは従事する個人でなくなり、又は死亡した場合におけるその農業を営まなくなり、若しくは従事しなくなった個人又はその死亡した者の相続人であって農業を営まず、若しくは従事しないものは、この組合との関係においては、農業を営み、又は従事する個人とみなす。

3　この組合の組合員のうち第1項第5号及び第6号に掲げる者及び前項の規定により農業を営み、又は従事する個人とみなされる者の数は、総組合員の数の3分の1を超えてはならない。

（加入）

第○条　この組合の組合員になろうとする者は、引き受けようとする出資口数及びこの組合の事業に常時従事するかどうかを記載した加入申込書をこの組合に提出しなければならない。

2　この組合は、前項の申込書の提出があったときは、総会でその加入の許否を決する。

3　この組合は、前項の規定によりその加入を承諾したときは、書面をもってその旨を加入申込みをした者に通知し、出資の払込みをさせるとともに組合員名簿に記載し、又は記録するものとする。

4　加入申込みをした者は、前項の規定による出資の払込みをすることによって組合員となる。

5　出資口数を増加しようとする組合員については、第1項から第3項までの規定を準用する。

（資格変動の申出）

第○条　組合員は、前条第1項の規定により提出した書類の記載事項に変更があったとき又は組合員たる資格を失ったときは、直ちにその旨を書面でこの組合に届け出なければならない。

（持分の譲渡）

第○条　組合員は、この組合の承諾を得なければ、その持分を譲り渡すことができない。

2　組合員でない者が持分を譲り受けようとするときは、第9条第1項から第4項までの規定を準用する。この場合において、同条第3項の出資の払込みは必要とせず、同条第4項中「出資の払込み」とあるのは「通知」と読み替えるものとする。

（相続による加入）

第○条　組合員の相続人で、その組合員の死亡により、持分の払戻請求権の全部を取得した者が、相続開始後60日以内にこの組合に加入の申込みをし、組合がこれを承諾したときは、その相続人は、被相続人の持分を取得したものとみなす。

2　前項の規定により加入の申込みをしようとするときは、当該持分の払
　戻請求権の全部を取得したことを証する書面を提出しなければならない。
（脱退）
第○条　組合員は、60日前までにその旨を書面をもってこの組合に予告
　し、当該事業年度の終わりにおいて脱退することができる。
2　組合員は、次の事由によって脱退する。
　(1)　組合員たる資格の喪失
　(2)　死亡又は解散
　(3)　除名
　(4)　持分全部の譲渡
（除名）
第13条　組合員が次の各号のいずれかに該当するときは、総会の決議を
　経てこれを除名することができる。この場合には、総会の日の10日前
　までにその組合員に対しその旨を通知し、かつ、総会において弁明す
　る機会を与えなければならない。
　(1)　第8条第1項第1号又は第2号の規定による組合員が、正当な理由
　　なくして1年以上この組合の事業に従事せず、かつ、この組合の施設
　　を全く利用しないとき。
　(2)　この組合に対する義務の履行を怠ったとき。
　(3)　この組合の事業を妨げる行為をしたとき。
　(4)　法令、法令に基づいてする行政庁の処分又はこの組合の定款若しく
　　は規約に違反し、その他故意又は重大な過失によりこの組合の信用を
　　失わせるような行為をしたとき。
2　除名を決議したときは、その理由を明らかにした書面をもって、これ
　をその組合員に通知しなければならない。
（持分の払戻し）
第14条　第13条第2項第1号から第3号までの規定により組合員が脱退
　した場合には、組合員のこの組合に対する出資額（その事業年度末時
　点の貸借対照表に計上された資産の総額から負債の総額を控除した額
　が出資の総額に満たないときは、当該出資額から当該満たない額を各
　組合員の出資額に応じて減算した額）を限度として持分を払い戻すも
　のとする。
2　脱退した組合員が、この組合に対して払い込むべき債務を有するとき
　は、前項の規定により払い戻すべき額と相殺するものとする。
（出資口数の減少）
第○条　組合員はやむを得ない理由があるときは、組合の承認を得てその
　出資の口数を減少することができる。
2　組合員がその出資の口数を減少したときは、減少した口数に係る払込

済出資金に対する持分額として前条第1項の例により算定した額を払い戻すものとする。

3　前条第2項の規定は、前項の規定による払戻しについて準用する。

第4章　出　資

（出資義務）

第○条　組合員は、出資一口以上を持たなければならない。ただし、出資総口数の100分の○○を超えることができない。

（出資1口の金額及び払込方法）

第○条　出資一口の金額は、金○○円とし、全額一時払込みとする。

2　組合員は、前項の規定による出資の払込みについて、相殺をもってこの組合に対抗することができない。

第5章　役　員

（理事の定数）

第○条　この組合に、役員として、理事3人及び監事1人を置く。

（役員の選任）

第20条　役員は総会において選任する。

2　前項の規定による選任は、総組合員の過半数による決議を必要とする。

3　理事は、第8条第1項第1号又は第2号の規定による組合員でなければならない。

（役員の解任）

第○条　役員は、任期中でも総会においてこれを解任することができる。この場合において、役員は、総会の7日前までに、その請求に係る役員にその旨を通知し、かつ、総会において弁明する機会を与えなければならない。

（代表理事の選任）

第○条　理事は、代表理事1人を互選するものとする。

（理事の職務）

第○条　代表理事は、この組合を代表し、その業務を掌理する。

2　理事はあらかじめ定めた順位に従い、代表理事に事故あるときはその職務を代理し、代表理事が欠員のときはその職務を行う。

（監事の職務）

第○条　監事は次に掲げる職務を行う。

　(1)　この組合の財産の状況を監査すること。

　(2)　理事の職務の執行の状況を監査すること。

　(3)　財産の状況及び業務の執行について、法令若しくは定款に違反し、又は著しく不当な事項があると認めるときは、総会又は行政庁に報告

すること。

(4)　前号の報告をするために必要があるときは、総会を招集すること。

（役員の責任）

第○条　役員は、法令、法令に基づいてする行政庁の処分、定款等及び総会の決議を遵守し、この組合のため忠実にその職務を遂行しなければならない。

2　役員は、その職務上知り得た秘密を正当な理由なく他人に漏らしてはならない。

3　役員がその任務を怠ったときは、この組合に対し、これによって生じた損害を賠償する責任を負う。

4　役員がその職務を行うについて悪意又は重大な過失があったときは、その役員は、これによって第三者に生じた損害を賠償する責任を負う。

5　次の各号に掲げる者が、その各号に定める行為をしたときも、前項と同様とする。ただし、その者がその行為をすることについて注意を怠らなかったことを証明したときは、この限りでない。

(1)　理事、次に掲げる行為

イ　法第72条の25第1項の規定により作成すべきものに記載し、又は記録すべき重要な事項についての虚偽の記載又は記録

ロ　虚偽の登記

ハ　虚偽の公告

(2)　監事　監査報告に記載し、又は記録すべき重要な事項についての虚偽の記載又は記録

（役員の任期）

第25条　役員の任期は、就任後3年以内に終了する最終の事業年度に関する通常総会の終結の時までとする。ただし、補欠選任及び法第95条第2項の規定による改選によって選任される役員の任期は、退任した役員の残任期間とする。

2　前項ただし書の規定による選任が、役員の全員にかかるときは、その任期は、同項ただし書の規定にかかわらず、就任後3年以内に終了する最終の事業年度に関する通常総会の終結の時までとする。

3　役員の数が、その定数を欠くこととなった場合は、任期の満了又は辞任によって退任した役員は、新たに選任された役員が就任するまで、なお役員としての権利義務を有する。

（特別代理人）

第○条　この組合と理事との利益が相反する事項については、この組合が総会において選任した特別代理人がこの組合を代表する。

第6章　総　会

（総会の招集）

第○条　理事は、毎事業年度1回6月に通常総会を招集する。

2　理事は、次の場合に臨時総会を招集する。

　⑴　理事の過半数が必要と認めたとき

　⑵　組合員がその5分の1以上の同意を得て、会議の目的とする事項及び招集の理由を記載した書面を組合に提出して招集を請求したとき

3　理事は、前項2号の請求があったときは、その請求があった日から10日以内に、総会を招集しなければならない。

4　監事は、財産の状況又は業務の執行について法令若しくは定款に違反し、又は著しく不当な事項があると認めた場合において、これを総会に報告するため必要があるときは、総会を招集する。

（総会の招集手続）

第28条　理事は、総会の日の5日前までに、組合員に対して、その会議の目的である事項を示した書面をもって通知しなければならない。

2　総会招集の通知に際しては、組合員に対し、組合員が議決権を行使するための書面を交付しなければならない。

（総会の決議事項）

第○条　次に掲げる事項は、総会の決議を経なければならない。

　⑴　定款の変更

　⑵　毎事業年度の事業計画の設定及び変更

　⑶　事業報告、貸借対照表、損益計算書及び剰余金処分案又は損失処理案

　⑷　持分の譲渡又は出資口数の減少の承認

（総会の定足数）

第○条　総会は、組合員の半数以上が出席しなければ議事を開き決議することができない。この場合において、第34条の規定により、書面又は代理人をもって議決権を行う者は、これを出席者とみなす。

（緊急議案）

第○条　総会では、第28条の規定によりあらかじめ通知した事項に限って、決議するものとする。ただし、第33条各号に規定する事項を除き、緊急を要する事項についてはこの限りでない。

（総会の議事）

第○条　総会の議事は、出席した組合員の議決権の過半数でこれを決し、可否同数のときは、議長の決するところによる。

2　議長は、総会において、総会に出席した組合員の中から組合員がこれを選任する。

3　議長は、組合員として総会の議決に加わる権利を有しない。

（特別決議）

第33条　次の事項は、総組合員の3分の2以上の多数による決議を必要
　　とする。
　⑴　定款の変更
　⑵　解散及び合併
　⑶　組合員の除名
（書面又は代理人による決議）
第34条　組合員は、第28条の規定によりあらかじめ通知のあった事項に
　　ついて、書面又は代理人をもって議決権を行使することができる。
2　前項の規定により書面をもって議決権を行使しようとする組合員は、
　　あらかじめ通知のあった事項について、交付された議決権を行使するた
　　めの書面にそれぞれ賛否を記載し、これに署名又は記名押印の上、総会
　　の日の前日までにこの組合に提出しなければならない。
3　第1項の規定により組合員が議決権の行使をさせようとする代理人
　　は、その組合員と同一世帯に属する成年者又はその他の組合員でなけれ
　　ばならない。
4　代理人は、2人以上の組合員を代理することはできない。
5　代理人は、代理権を証する書面をこの組合に提出しなければならない。
（議事録）
第○条　総会の議事については、議事録を作成し、次に掲げる事項を記載
　　し、又は記録しなければならない。
　⑴　開催の日時及び場所
　⑵　議事の経過の要領及びその結果
　⑶　出席した理事及び監事の氏名
　⑷　議長の氏名
　⑸　議事録を作成した理事の氏名
　⑹　前各号に掲げるもののほか、農林水産省令で定める事項

第7章　会　計

（事業年度）
第○条　この組合の事業年度は、毎年4月1日から翌年3月31日までと
　　する。
（剰余金の処分）
第○条　剰余金は、利益準備金、資本準備金、配当金及び次期繰越金とし
　　てこれを処分する。
（利益準備金）
第○条　この組合は、出資総額の○○に達するまで、毎事業年度の剰余金
　　（繰越損失金のある場合は、これを填補した後の残額）の10分の1に相
　　当する金額以上の金額を利益準備金として積み立てるものとする。

（資本準備金）

第○条　減資差益及び合併差益は、資本準備金として積み立てなければならない。ただし、合併差益のうち合併により消滅した組合の利益準備金その他当該組合が合併直前において留保していた利益の額については資本準備金に繰り入れないことができる。

（配当）

第○条　この組合が組合員に対して行う配当は、毎事業年度の剰余金の範囲内において行うものとし、組合員の事業の利用分量の割合に応じてする配当、組合員がその事業に従事した程度に応じてする配当及び組合員の出資の額に応じてする配当とする。

2　事業の利用分量の割合に応じてする配当は、その事業年度における施設の利用に伴って支払った手数料その他施設の利用の程度を参酌して、組合員の事業の利用分量に応じてこれを行う。

3　事業に従事した程度に応じてする配当は、その事業年度において組合員がこの組合の営む事業に従事した日数及びその労務の内容、責任の程度等に応じてこれを行う。

4　出資の額に応じてする配当は、事業年度末における組合員の払込済出資額に応じてこれを行う。

5　前3項の配当は、その事業年度の剰余金処分案の議決する総会の日において組合員である者について計算するものとする。

6　配当金の計算上生じた1円未満の端数は、切り捨てるものとする。

（損失金の処理）

第○条　この組合は、事業年度末に損失金がある場合には、利益準備金及び資本準備金の順に取り崩して、その填補に充てるものとする。

第8章　雑　則

（残余財産の分配）

第○条　この組合の解散のときにおける残余財産の分配の方法は、総会においてこれを定める。

2　第14条第2項の規定は、前項の規定による残余財産の分配について準用する。

3　持分を算定するに当たり、計算の基礎となる金額で1円未満のものは、これを切り捨てるものとする。

附　則

この組合の設立当初の役員は、第20条の規定にかかわらず次のとおりとする。

（設立当初の役員）

　　理事　甲山一郎、○○○○、○○○○
　　監事　○○○○
　以上のとおり、農事組合法人大空会設立のため、この定款を作成し、発起人は、次のとおり記名押印する。

　　令和○年○月○日

　　　発起人　埼玉県熊谷市○町○丁目○番地　　○○○○　㊞
　　　発起人　埼玉県熊谷市○○町○番地　　　　○○○○　㊞
　　　発起人　埼玉県熊谷市○町○丁目○番地　　○○○○　㊞

（出資の総口数を証する書面―出資引受書）

出資引受書

１　農事組合法人大空会　出資引受口数　　　○○口

　　上記のとおり、貴法人の出資を引き受けます。
　　ただし、出資１口の金額○○円

　　令和○年○月○日

　　　　　　　　　　　　　　埼玉県熊谷市○町○丁目○番地
　　　　　　　　　　　　　　○　○　○　○　　㊞

　農事組合法人大空会　　発起人　御中

（出資第１回の払込みがあったことを証する書面―出資金領収書（控え））

出資金領収書（控え）

１　金○○円　　出資○○口分についての第１回払込金

　　上記のとおり、正に領収しました。

令和〇年〇月〇日

　　　　　　　　　　　　　　　　　　農事組合法人大空会
　　　　　　　　　　　　　　　　　　理事　　甲山一郎

　　　〇〇〇〇　　殿

上記は領収書の控えに相違ありません。
　　令和〇年〇月〇日

　　　　　　　　　　　　　　　　　　農事組合法人大空会
　　　　　　　　　　　　　　　　　　理事　　甲山一郎　㊞

（代表権を有する者の資格を証する書面―役員選任決議書）

役員選任決議書

　令和〇年〇月〇日農事組合法人大空会創立事務所において発起人全員出席し、その全員の一致の決議により次のとおり役員を選任した。

　　　理事　埼玉県熊谷市中央町一丁目２番２号　甲山一郎
　　　理事　埼玉県熊谷市〇町〇丁目〇番〇号　　〇〇〇〇
　　　理事　埼玉県熊谷市〇町〇丁目〇番〇号　　〇〇〇〇
　　　監事　埼玉県熊谷市〇町〇丁目〇番〇号　　〇〇〇〇

　上記の決議を明確にするため、ここに決議書を作成し、発起人全員が次のとおり記名押印する。

　　　　　　　　　　　　　　　　　令和〇年〇月〇日

　　　　　　　　　　　　　　　　　農事組合法人大空会
　　　　　　　　　　　　　　　　　発起人　〇〇〇〇　㊞
　　　　　　　　　　　　　　　　　発起人　〇〇〇〇　㊞
　　　　　　　　　　　　　　　　　発起人　〇〇〇〇　㊞

（就任承諾書）

就任承諾書

私は、今般、貴法人の理事に選任されたのでその就任を承諾します。

　令和○年○月○日

　　　　　　　　　　　　　　埼玉県熊谷市中央町一丁目2番2号
　　　　　　　　　　　　　　　　甲　山　一　郎　㊞

　農事組合法人大空会　御中

（委任状）

委　任　状

　　　　　　　　　　　埼玉県さいたま市浦和区浦和一丁目1番1号
　　　　　　　　　　　　　　　山　川　太　郎

　私は、上記の者を代理人に定め、次の権限を委任する。

1　当法人大空会の設立登記の申請に関する一切の件

1　原本還付の請求及び受領の件

　　令和○年○月○日

　　　　　　　　　　　埼玉県熊谷市中央町　丁目1番1号
　　　　　　　　　　　農事組合法人大空会
　　　　　　　　　　　　理事　　甲山一郎　　㊞

（注）理事の印鑑は、理事が登記所に提出している印鑑を押印します。

第 4 章
事業・名称等の変更の登記

第 1　農事組合法人の事業・名称等の変更手続

事業、名称、地区又は公告方法の変更の手続について教えてください。

　設立の際に登記した事項中、事業、名称、地区又は公告の方法等を変更しようとする場合には、これらの事項はいずれも定款の記載事項ですから、定款の変更が必要となります。定款の変更は、農協法 72 条の 29 第 1 項の規定により、総会の決議を経なければならないとされています。定款変更に関する総会の決議は、総組合員の 3 分の 2 以上の多数による決議（特別決議）が必要とされています（農協法 72 条の 30）。

　なお、存立時期については、定款に定めをすることは任意ですが（農協法 72 条の 16 第 2 項、28 条 3 項）、これを定款に定めた以上は、その変更あるいは廃止をするには、定款の変更を要します。

　農事組合法人の定款の変更には行政庁の認可は必要ありませんが、農事組合法人が定款の変更をしたときは、変更の日から 2 週間以内に、変更に係る事項を行政庁に届け出なければならないとされています（農協法 72 条の 29 第 2 項）。

第 2　事業の変更登記

事業の変更登記の手続について教えてください。

　農事組合法人の事業については、農協法 72 条の 10 第 1 項において、

次の事業の全部又は一部を行うことができるとされています。

　ア　組合員の農業に係る共同利用施設の設置（当該施設を利用して行う組合員の生産する物資の運搬、加工又は貯蔵の事業を含む。）又は農作業の共同化に関する事業

　イ　農業の経営

　ウ　前2号の事業に附帯する事業

　ところで、上記のイの「農業の経営」には、関連事業が含まれることとされており、「農畜産物を原料又は材料として使用する製造又は加工」の事業ほか、農林水産省令で「農畜産物の貯蔵、運搬又は販売」、「農業生産に必要な資材の製造」及び「農作業の受託」の事業が定められています（施行規則215条）。

　なお、非出資農事組合法人は、イの農業の経営を行う事業を行うことはできないとされています（農協法72条の10第2項）。

(1) 登記期間

　事業に変更が生じたときは、変更の生じた時から2週間以内に、その主たる事務所の所在地において、変更の登記をしなければなりません（農協法72条の9、9条、組合等登記令3条1項）。

(2) 申請人

　法人を代表すべき理事が申請人となります。

(3) 添付書類

　変更登記の申請書には、登記事項の変更を証する書面として、定款変更に関する総会議事録（組合等登記令17条1項）、また、代理人によって登記の申請をする場合には、代理人の権限を証する書面（組合等登記令25条、商業登記法18条）。

申請書書式
（事業の変更登記）

農事組合法人変更登記申請書

1　会社法人等番号　　○○○○－○○－○○○○○○　　　　　（注1）

```
      フリガナ          オオゾラカイ                （注2）
  1  名　称            農事組合法人大空会

  1  主たる事務所        埼玉県熊谷市中央町一丁目1番1号

  1  登記の事由          事業の変更

  1  登記すべき事項      別紙のとおりの内容をオンラインにより提出済み
                                                  （注3）
  1  添付書類          総会議事録            1通
                      委任状              1通    （注4）


      上記のとおり登記の申請をします。


      令和〇年〇月〇日


                    埼玉県熊谷市中央町一丁目1番1号
                    申請人          農事組合法人大空会

                    埼玉県熊谷市中央町一丁目2番2号
                    理　事          甲　山　一　郎    ㊞   （注5）

                    埼玉県さいたま市浦和区浦和一丁目1番1号
                    上記代理人    山　川　太　郎    ㊞   （注6）

                    連絡先の電話番号

  さいたま地方法務局      御中                        （注7）
```

（注1）会社法人等番号が分かる場合に記載します。
（注2）名称のフリガナは、法人の種類を表す部分（農事組合法人）を除いて、
　　　片仮名で左に詰めて記載します。
（注3）登記すべき事項をCD-R（又はDVD-R）に記録し、登記所に提出すること
　　　もできますし、CD-R等に代えて、オンラインにより提出することもできます。
（注4）代理人に登記申請を委任した場合に添付します。
（注5）理事の印鑑は、理事が登記所に提出した印鑑を押印します。
（注6）代理人が登記申請する場合に記載し、代理人の印鑑を押印します。理事
　　　の印鑑は、委任状に押印しているので、申請書には押印の必要はありません。
（注7）登記申請は登記所に出向かずに郵送又はインターネットを利用したオン

ラインによってすることもできます。

参考（注）登記申請書が複数ページになる場合は、各ページの綴り目に登記申
　　　　請書に押印した印鑑（理事が登記所に提出した印鑑又は代理人の印鑑）
　　　　と同一の印鑑で契印します。

（登記すべき事項をオンラインにより提供する場合の別紙の例）

「目的等」
事業
1　組合員の農業に係る共同利用施設の設置（当該施設を利用して行う組
　合員の生産する物資の運搬、加工又は貯蔵の事業を含む。）及び農作業
　の共同化に関する事業
2　農業の経営
3　前号に掲げる農業に関連する事業であって、次に掲げるもの
　(1)　農畜産物を原料又は材料として使用する製造又は加工
　(2)　農畜産物の貯蔵、運搬又は販売
　(3)　農業生産に必要な資材の製造
　(4)　農作業の受託
4　農業と併せ行う林業の経営
5　前4号の事業に附帯する事業

（注）事業の変更が一部のみである場合でも、変更がない部分も含めて全てを記
　　載します。

（総会議事録）

総会議事録

1　招集年月日　　　　　　令和○年○月○日
1　開催場所　　　　　　　当法人事務所
　　　　　　　　　　　　　（埼玉県熊谷市中央町一丁目1番1号）
1　開催日時　　　　　　　令和○年○月○日午前10時
1　総組合員数　　　　　　○名
1　出席組合員数　　　　　○名
1　出席した理事及び監事　甲山一郎（議長兼議事録作成者）
　　　　　　　　　　　　　○○○○
　　　　　　　　　　　　　○○○○

〇〇〇〇

1　議長選任の経過

　　定刻に至り司会者〇〇〇〇は開会を宣言し、本日の総会は定款所定数を満たしたので有効に成立した旨を告げ、議長の選任方法を諮ったところ、満場一致をもって甲山一郎が議長に選任された。続いて議長から挨拶の後議案の審議に入った。

1　議事の経過の要領及び決議の結果

　　議　案　定款変更の件

　　議長は、この法人の事業を変更し、定款第〇条を次のとおり変更したい旨を議場に諮ったところ、満場一致をもって異議なく可決決定した。
（事業）
第〇条　この組合は次の事業を行う。
　(1)　組合員の農業に係る共同利用施設の設置（当該施設を利用して行う組合員の生産する物資の運搬、加工又は貯蔵の事業を含む。）及び農作業の共同化に関する事業
　(2)　農業の経営
　(3)　前号に掲げる農業に関連する事業であって、次に掲げるもの
　　①　農畜産物を原料又は材料として使用する製造又は加工
　　②　農畜産物の貯蔵、運搬又は販売
　　③　農業生産に必要な資材の製造
　　④　農作業の受託
　(4)　農業と併せ行う林業の経営
　(5)　前4号の事業に附帯する事業

　　以上をもって議案の全部の審議を終了したので、議長は閉会を宣言し、午前11時30分散会した。
　　上記の議決を明確にするため、この議事録を作成する。

　　　令和〇年〇月〇日

　　　　　　　　　　農事組合法人大空会　総会において
　　　　　　　　　　議事録作成者　理事　甲山一郎　㊞

（注）議事録が複数ページになる場合は、議事録作成者が各ページの綴り目に契印します。

（委任状）

委　任　状

埼玉県さいたま市浦和区浦和一丁目１番１号
山　川　太　郎

　私は、上記の者を代理人に定め、次の権限を委任する。

１　当法人の事業の変更の登記を申請する一切の件

１　原本還付の請求及び受領の件

　　令和〇年〇月〇日

埼玉県熊谷市中央町一丁目１番１号
農事組合法人大空会
　　理事　　甲山一郎　　㊞

（**注**）理事の印鑑は、理事が登記所に提出している印鑑を押印します。

第3　名称の変更登記

名称の変更登記について教えてください。

　「名称」を変更しようとする場合には、名称は定款の記載事項ですから、定款の変更が必要となります。定款の変更は、農協法72条の29第1項の規定により、総会の決議を経なければならないとされています。定款変更に係る総会の決議は、総組合員の3分の2以上の多数による決議（特別決議）が必要とされています（農協法72条の30）。

　なお、農事組合法人は、その名称中に「農事組合法人」という文字を用いなければならないとされ、農事組合法人でない者は、その名称中に農事

組合法人という文字を用いてはならないとされています（農協法 72 条の 5）。

　定款を変更したときは、変更の日から 2 週間以内に、変更に係る事項を行政庁に届け出なければならないとされています（農協法 72 条の 29 第 2 項）。

1　登記期間等

　名称に変更が生じたときは、変更の生じた時から 2 週間以内に、その主たる事務所の所在地において、変更の登記をしなければなりません（組合等登記令 3 条 1 項）。

　名称は、従たる事務所の所在地においても登記すべき事項とされていますので、3 週間以内に従たる事務所の所在地においても名称変更の登記をしなければなりません（組合等登記令 11 条 3 項）。

2　申請人

　法人を代表すべき理事が申請人となります。

3　添付書類

　名称の変更の登記の申請書には、登記事項の変更を証する書面として、総会の議事録（組合等登記令 17 条 1 項）、また、代理人によって申請する場合には、その権限を証する書面を添付しなければなりません（組合等登記令 25 条、商業登記法 18 条）。

　従たる事務所の所在地において申請するときは、主たる事務所の所在地において登記したことを証する書面として登記事項証明書を添付することになります。この場合は、委任状を含め他の書面の添付は必要ありません（組合等登記令 25 条、商業登記法 48 条 1 項）。なお、従たる事務所の所在地においてする登記の申請書に、当該法人の会社法人等番号を記載した場合には、添付しなければならないとされている登記事項証明書は添付することを要しないとされています（組合等登記令 25 条、商業登記法 19 条の 3、各種法人等登記規則 5 条、商業登記規則 36 条の 3、平成 27・9・30 民商 122 号民事局長通達）。

申請書書式
（農事組合法人の名称変更の登記）

農事組合法人変更登記申請書

1　会社法人等番号　　○○○○－○○－○○○○○○　　　　（注1）

　　フリガナ　　　　　オオゾラカイ　　　　　　　　　　　　（注2）
1　名　称　　　　　　農事組合法人大空会　　　　　　　　　　（注3）

1　主たる事務所　　　埼玉県熊谷市中央町一丁目1番1号

1　登記の事由　　　　名称変更

1　登記すべき事項　　別紙のとおりの内容をオンラインにより提出済み
　　　　　　　　　　　　　　　　　　　　　　　　　　　　　（注4）
1　添付書類　　　　　総会議事録　　　　　　　　　1通
　　　　　　　　　　　委任状　　　　　　　　　　　1通　　（注5）

　　上記のとおり登記の申請をします。

　　　　令和○年○月○日

　　　　　　　　　埼玉県熊谷市中央町一丁目1番1号
　　　　　　　　　申請人　　　　農事組合法人大地の会　　（注6）

　　　　　　　　　埼玉県熊谷市中央町一丁目2番2号
　　　　　　　　　理事　　　　甲　山　一　郎　㊞　　（注7）

　　　　　　　　　埼玉県さいたま市浦和区浦和一丁目1番1号
　　　　　　　　　上記代理人　　山　川　太　郎　㊞　　（注8）

　　　　　　　　　連絡先の電話番号

　　さいたま地方法務局　御中　　　　　　　　　　　　　（注9）

（注1）　会社法人等番号が分かる場合に記載します。

（注2）　名称のフリガナは、法人の種類を表す部分（農事組合法人）を除いて、片仮名で、左に詰めて記載します。

（注3）　変更前の農事組合法人の名称を記載します。

（注4）　登記すべき事項をCD-R（又はDVD-R）に記録し、登記所に提出することもできますし、CD-R等に代えて、オンラインにより提出することもできます。

（注5）　代理人に登記申請を委任した場合に添付します。

（注6）　変更後の農事組合法人の名称を記載します。

（注7）　理事の印鑑は、理事が登記所に提出した印鑑を押印します。

（注8）　代理人が登記申請する場合に記載し、代理人の印鑑を押印します。理事の印鑑は、委任状に押印しているので、申請書には押印の必要はありません。

（注9）　登記申請は、登記所に出向かずに郵送又はインターネットを利用したオンラインによってすることもできます。

参考（注）　登記申請書が複数ページになる場合は、各ページの綴り目に登記申請書に押印した印鑑（理事が登記所に提出した印鑑又は代理人の印鑑）と同一の印鑑で契印します。

（登記すべき事項をオンラインにより提供する場合の別紙の例）

```
「名称」農事組合法人大地の会
「原因年月日」令和○年○月○日変更
```

（注）　登記すべき事項を電磁的記録媒体（CD-R等）に記録して提出する場合の入力例も同様です。

（総会議事録）

総会議事録

1　招集年月日　　　　　　令和○年○月○日
1　開催場所　　　　　　　当法人事務所
　　　　　　　　　　　　　（埼玉県熊谷市中央町一丁目1番1号）
1　開催日時　　　　　　　令和○年○月○日午前10時30分
1　総組合員数　　　　　　○名
1　出席組合員数　　　　　○名
1　出席した理事及び監事　甲山一郎（議長兼議事録作成者）
　　　　　　　　　　　　　○○○○
　　　　　　　　　　　　　○○○○
　　　　　　　　　　　　　○○○○

1　議長選任の経過
　　定刻に至り司会者○○○○開会を宣言し、本日の総会は定款所定数を満たしたので有効に成立した旨を告げ、議長の選任方法を諮ったところ、満場一致をもって甲山一郎が議長に選任された。続いて議長から挨拶の後、議案の審議に入った。

1　議事の経過の要領及び決議の結果

　　議　案　定款変更の件
　　議長は、この法人の名称を変更し、定款第○条を次のとおり変更したい旨を議場に諮ったところ、満場一致をもって異議なく可決決定した。
　（名称）
　第○条　この組合は、農事組合法人大地の会という。

　　以上をもって議案の全部の審議を終了したので、議長は閉会を宣言し、午前11時30分散会した。
　　上記の議決を明確にするため、この議事録を作成する。

　　　令和○年○月○日

　　　　　　　　　　　　　農事組合法人大地の会総会において
　　　　　　　　　　　　　議事録作成者　理事　甲山一郎　㊞

（委任状）

委 任 状

埼玉県さいたま市浦和区浦和一丁目 1 番 1 号
　　　　　　　　　　　　　山　川　太　郎

　私は、上記の者を代理人に定め、次の権限を委任する。

1　当法人の名称変更の登記を申請する一切の件

1　原本還付の請求及び受領の件

　　　令和○年○月○日

　　　　　　　　　　埼玉県熊谷市中央町一丁目 1 番 1 号
　　　　　　　　　　農事組合法人大地の会
　　　　　　　　　　　理事　　甲山一郎　　㊞

（**注**）理事の印鑑は、当該理事が登記所に提出している印鑑を押印します。

第4　出資一口の金額及びその払込みの方法並びに出資の総口数及び払込みの出資の総額の変更登記

出資一口の金額及びその払込みの方法等の変更の手続について教えてください。

1　概説

　出資農事組合法人は、定款で定めるところにより、組合員に出資させることができます（農協法 73 条 1 項、13 条 1 項）。出資農事組合法人の組合員は、出資一口以上を引き受けて有しなければならないとされています（農協法 73 条 1 項、13 条 2 項）。出資一口の金額は、均一でなけれ

ばなりません（農協法73条1項、13条3項）。また、出資の払込みの方法には、一時払込と分割払込とがありますが、そのいずれの方法をとるかは、農事組合法人の自由であるとされています。

　組合員は、一口単位で一定の口数を引受け、出資一口の金額に引き受けた口数を乗じて算出される出資額に相当する金銭を定款の定める払込方法に従って農事組合法人に払い込むことになります。組合員の引受けた出資額は、当該組合員の組合に対する責任の限度となります（農協法73条1項、13条4項）。

　出資一口の金額、出資の払込みの方法は定款の絶対的記載事項とされています（農協法72条の16、28条1項6号）ので、これらを変更する場合には、総会の議決により定款を変更しなければなりません。なお、農事組合法人は、定款を変更したときは、変更の日から2週間以内に、変更に係る事項を行政庁に届け出なければならないとされています（農協法72条の29第2項）。また、出資一口の金額、その払込みの方法、出資の総口数及び払い込んだ出資の総額などは、農事組合法人の債権者にとって重要な事項であるため、農事組合法人の登記事項とされています（組合等登記令2条2項第6号、別表）。

　出資一口の金額及び出資の払込みの方法に変更を生じたときは、変更の生じた日から2週間以内に、主たる事務所の所在地において変更の登記をしなければなりません（組合等登記令3条1項）。

　出資一口の金額の変更には、出資一口の金額を増加させる場合と、出資一口の金額を減少させる場合とがあります。

(1)　出資一口の金額の減少手続

　出資農事組合法人が出資一口の金額を減少する場合には、定款変更の総会の議決の他に、債権者保護手続をとらなければならないとされています（農協法73条2項、49条）。

　すなわち、出資農事組合法人が出資一口の金額を減少する場合には、出資農事組合法人の債権者は、当該組合に対して異議を述べることができるとされていますので（農協法73条2項、49条1項）、出資農事組合法人は、債権者に対して、①出資一口の金額の減少の内容、②最終事業年度に係る貸借対照表を主たる事務所に備え置いている旨（施行規則180条）、③債権者が一定の期間内（1か月下ることができな

い。）に異議を述べることができる旨を官報に公告し、かつ、知れて
いる債権者には、各別に催告しなければならないとされています（農
協法49条2項）。

　なお、この公告を、官報のほか、定款に定めた時事に関する日刊新
聞紙への掲載又は電子公告によりするときは、知れている債権者に対
する各別の催告をすることを要しないとされています（同条3項）。

　債権者が上記の一定の期間内に異議を述べなかったときは、出資一
口の金額の減少を承認したものとみなされます（農協法50条1項）
が、債権者が異議を述べたときは、出資農事組合法人は、その債務を
弁済し、若しくは相当の担保を供し、又は債権者に弁済を受けさせる
ことを目的として、信託会社若しくは信託業務を営む金融機関に相当
の財産を信託しなければならないとされています。ただし、出資一口
の金額の減少をしてもその債権者を害するおそれがないときは、この
限りでないとされています（同条2項）。

(2)　**出資一口の金額の増加手続**

　組合員の責任は、その出資額を限度とする有限責任であるとされて
いることから、出資一口の金額の増加については、組合員の責任を加
重することとなるため、定款の変更を要するほか、農協法73条1項
において準用する同法13条4項の規定により、組合員全員の同意が
なければ、出資一口の金額の増加に関する定款変更は効力を生じない
ものと解されています（昭和31・12・22民事甲2889号民事局長回答）。

2　**出資一口の金額の変更による登記**

　出資農事組合法人は、①出資一口の金額及びその払込みの方法、及び
②出資の総口数及び払い込んだ出資の総額を登記しなければならないと
されています（組合等登記令2条2項6号、別表）。そこで、これらの登
記事項に変更を生じたときは、変更を生じた日から2週間以内に、主た
る事務所の所在地において変更の登記をしなければなりません。

　なお、出資一口の金額の変更により、払込済みの出資の総額に変更を
来した場合には、出資一口の金額の変更の登記と払込済みの出資総額の
変更の登記をしなければなりません。

Q17

出資一口の金額の減少による出資一口の金額の変更登記の手続を教えてください。

　出資一口の金額の減少による出資1口の金額を変更した場合の変更登記の手続は、次のとおりです。

1　登記期間

　出資一口の金額に変更が生じたときは、変更の生じた日から2週間以内に、主たる事務所の所在地において、変更の登記をしなければならないとされています（組合等登記令3条1項）。

　なお、出資の総口数及び払込済みの出資の総額の変更の登記は、毎事業年度末日現在により事業年度終了後4週間以内に、主たる事務所の所在地においてすることができます（組合等登記令3条2項）。

2　登記すべき事項

　登記すべき事項は、変更後の出資一口の金額及び変更年月日です。

　また、出資一口の金額の変更により、払込済みの出資の総額が変更された場合には、変更後の払込済みの出資の総額及び変更年月日を登記します。

3　添付書類

　出資一口の金額の減少による変更登記申請書には、次の書面を添付します（組合等登記令17条）。

　⑴　総会議事録

　⑵　公告及び催告をしたことを証する書面

　⑶　異議を述べた債権者に対し弁済し、若しくは担保を供し、若しくは信託をしたこと又は出資一口の金額の減少をしてもその債権者を害するおそれがないことを証する書面

申請書書式
（出資１口の金額の減少による出資１口の金額の変更登記）

農事組合法人変更登記申請書

1　会社法人等番号　　○○○○－○○－○○○○○○　　　　（注１）

　　フリガナ　　　　　　ダイチノカイ　　　　　　　　　　　（注２）
1　名　称　　　　　　農事組合法人大地の会

1　主たる事務所　　　埼玉県熊谷市中央町一丁目１番１号

1　登記の事由　　　　出資一口の金額の減少による出資一口の金額変更

1　登記すべき事項　　令和○年○月○日出資一口の金額の変更　（注３）
　　　　　　　　　　　出資一口の金額　金○○円

1　添付書類　　　　　総会議事録　　　　　　　　　　　１通
　　　　　　　　　　　公告をしたことを証する書面　　　○通
　　　　　　　　　　　催告をしたことを証する書面　　　○通
　　　　　　　　　　　異議を述べた債権者に対し、
　　　　　　　　　　　弁済し、若しくは担保を供し、
　　　　　　　　　　　若しくは信託をしたこと又は
　　　　　　　　　　　出資一口の金額の減少をして
　　　　　　　　　　　もその債権者を害するおそれ
　　　　　　　　　　　がないことを証する書面　　　　○通
　　　　　　　　　　　委任状　　　　　　　　　　　　１通　（注４）

　　上記のとおり登記の申請をします。
　　　令和○年○月○日

　　　　　　　　　　　埼玉県熊谷市中央町一丁目１番１号
　　　　　　　　　　　申請人　　　　農事組合法人大地の会

　　　　　　　　　　　埼玉県熊谷市中央町一丁目２番２号
　　　　　　　　　　　理　事　　　　甲　山　一　郎　㊞　（注５）

　　　　　　　　　　　埼玉県さいたま市浦和区浦和一丁目１番１号

上記代理人　　山　川　太　郎　㊞　　　（注6）

連絡先の電話番号

さいたま地方法務局　御中　　　　　　　　　　（注7）

（注1）会社法人等番号が分かる場合に記載します。
（注2）名称のフリガナは、法人の種類を表す部分（農事組合法人）を除いて、片仮名で、左に詰めて記載します。
（注3）登記すべき事項を CD-R（又は DVD-R）に記録し、登記所に提出することもできますし、CD-R 等に代えて、オンラインにより提出することもでききます。
（注4）代理人に登記申請を委任した場合に添付します。
（注5）理事の印鑑は、理事が登記所に提出した印鑑を押印します。
（注6）代理人が登記申請する場合に記載し、代理人の印鑑を押印します。理事の印鑑は、委任状に押印しているので、申請書には押印の必要はありません。
（注7）登記申請は、登記所に出向かずに郵送又はインターネットを利用したオンラインによってすることもできます。

（総会議事録）

総会議事録

1	招集年月日	令和〇年〇月〇日
1	開催場所	当法人事務所
		（埼玉県熊谷市中央町一丁目1番1号
1	開催日時	令和〇年〇月〇日午前10時
1	総組合員数	〇名
1	出席組合員数	〇名
1	出席した理事及び監事	甲山一郎（議長兼議事録作成者）
		〇〇〇〇
		〇〇〇〇
		〇〇〇〇

1　議長選任の経過
　　定刻に至り司会者〇〇〇〇は開会を宣言し、本日の総会は定款所定数を満たしたので有効に成立した旨を告げ、議長の選任方法を諮ったところ、満場一致をもって甲山一郎が議長に選任された。続いて議長から挨

拶の後議案の審議に入った。

1　議事の経過の要領及び議案別決議の結果

第1号議案　出資一口の金額減少の件

議長は、組合員の負担軽減のため、未払込出資金一口につき金〇円の払込みを免除し、当組合の出資一口の金額を〇円とすることにしたい旨諮ったところ、満場異議なくこれを承認可決した。

第2号議案　定款変更の件

議長は、第1号議案が承認可決されたのに伴い、当組合の定款第〇条中「出資一口の金額は金〇〇円」とあるのを、「出資一口の金額は金△△円」と変更したい旨を議場に諮ったところ、満場一致をもって異議なく可決決定した。

以上をもって議案の全部の審議を終了したので、議長は閉会を宣言し、午前11時30分散会した。

上記の議決を明確にするため、この議事録を作成する。

令和〇年〇月〇日

農事組合法人大地の会　臨時総会において
議事録作成者　理事　甲山一郎　㊞

（注）議事録が複数ページになる場合は、議事録作成者が各ページの綴り目に契印します。

（公告をしたことを証する書面―官報に掲載して行います。）

出資一口の金額の減少公告

当組合は、令和〇年〇月開催の第〇回臨時総会において、出資一口の金額を〇〇円減少し、〇〇円とすることとしました。

この出資一口の金額の減少に異議のある債権者は、本公告掲載の翌日から1か月以内にお申し出ください。

なお、最終貸借対照表の開示状況は、次のとおりです。

開示状況　　当組合の主たる事務所

令和〇年〇月〇日

埼玉県熊谷市中央町一丁目1番1号
農事組合法人大地の会
理事　甲山一郎

（催告をしたことを証する書面）

催　告　書

　拝啓　益々御清祥のことと存じます。

　さて、当組合は、令和○年○月○日開催の臨時総会において、出資一口の金額を○○円減少し、○○円とすることとしました。当該出資一口の金額の減少につき御異議がありましたら、令和○年○月○日までにその旨をお申し出ください。

　以上のとおり催告いたします。

　なお、最終貸借対照表は、当組合の主たる事務所に備え置き、開示しています。

　　令和○年○月○日

　　　　　　　　　　埼玉県熊谷市中央町一丁目1番1号
　　　　　　　　　　農事組合法人大地の会
　　　　　　　　　　　理事　甲山一郎　㊞

　○県○市○町○丁目○番○号
　　　○　○　○　○　　殿

　上記は催告書の原本の控えに相違ありません。
　　　令和○年○月○日

　　　　　　　　　　　農事組合法人大地の会
　　　　　　　　　　　　理事　甲山一郎　㊞

（承諾書）

承　諾　書

　貴組合の出資一口の金額減少に関し、令和〇年〇月〇日付けをもって異議申述に関する催告を受けましたが、私としては上記出資一口の金額減少について何ら異議がありません。

　令和〇年〇月〇日

　　　　　　　　　　　　　　　　　　　　〇県〇市〇町〇丁目〇番〇号
　　　　　　　　　　　　　　　　　　　　債権者　〇〇〇〇　㊞

　農事組合法人大地の会　御中

（債権者が期間内に異議を述べた場合の申述書）

異議申述書

　令和〇年〇月〇日付けで貴組合の出資一口の金額の減少に関する異議申述に関する催告を受けましたが、私は、貴組合に対して有する〇〇の売掛代金〇万円の債権の弁済後でなければ上記出資一口の金額減少を承諾いたしかねますので、本書面をもってその旨通告します。

　令和〇年〇月〇日

　　　　　　　　　　　　　　　　　　　　〇県〇市〇町〇丁目〇番〇号
　　　　　　　　　　　　　　　　　　　　債権者　〇〇〇〇　㊞

　農事組合法人大地の会
　　理事　甲山一郎　殿

（異議を述べた債権者に対して弁済をしたことを証する書面）

領　収　書

　　金〇万円　　ただし、〇〇売掛代金

　　上記は、貴組合が出資一口の金額を減少するにつき令和〇年〇月〇日異
議を申し述べたところ、今般その弁済を受け正に領収いたしました。

　　　　令和〇年〇月〇日

　　　　　　　　　　　　　　　　　　　　〇県〇市〇町〇丁目〇番〇号
　　　　　　　　　　　　　　　　　　　　債権者　　〇〇〇〇　　㊞

　　農事組合法人大地の会
　　　　理事　甲山一郎　殿

──第5章──
──事務所の移転等の登記──

第1　主たる事務所移転の登記

農事組合法人の主たる事務所を移転した場合の登記の手続について教えてください。

1　主たる事務所移転の手続

　農事組合法人は、定款において、事務所の所在地を定めなければならないとされています（農協法72条の16、28条1項4号）。事務所とは、主たる事務所及び従たる事務所をいいます。

　事務所の所在地については、定款に最小行政区画である市区町村まで定めることで足りるとされていますので、農事組合法人の定款には、番地まで記載する必要はないとされています。この場合に、組合が、同一最小行政区画内で移転する場合には、定款の変更は必要ありませんので、理事の過半数の決議で主たる事務所の所在地番及び移転年月日を決定することになります。ただし、農事組合法人が、定款で主たる事務所の所在地番まで定めている場合において、主たる事務所を移転する場合には、定款を変更することが必要です。例えば、定款に主たる事務所を「埼玉県熊谷市中央町一丁目1番1号」というように所在場所まで記載している場合に、これを「埼玉県熊谷市山下町一丁目1番1号」に移転するときは、同じ最小行政区画内の移転であっても定款の変更が必要です。

　このように、主たる事務所の所在地は定款の絶対的記載事項ですが、定款に主たる事務所の所在地をどのように記載しているかによって、定款の変更を要する場合と要しない場合に分かれます。

　定款の変更は、農事組合法人の総組合員の3分の2以上の多数による決議をもって行わなければなりません（農協法72条の30）。なお、定款

の変更については、行政庁の認可を必要としませんが、定款を変更したときは、変更の日から2週間以内に変更に係る事項を行政庁に届け出なければならないとされています（農協法72条の29第2項）。

2　登記の手続

　主たる事務所を移転したときは、主たる事務所の所在場所は登記事項ですので、移転後の新たな主たる事務所の所在場所を登記しなければなりません。

　ところで、主たる事務所を移転したときに申請すべき登記所についてですが、多くの法務局又は地方法務局においては、法人の事務所の所在地を管轄する区域を、その府県内の1ないし数か所の登記所に集中させて、管轄区域の拡大をしていますので、例えば、その都府県内に法人登記を管轄する登記所が1つのみあるような場合には、その管轄区域内の主たる事務所の移転であれば、市区町村を超える移転であっても、管轄登記所が変わることが少なくなっています。

　しかし、その都府県内に複数の管轄登記所がある場合には、新しい主たる事務所の所在地を管轄する登記所が、移転前の旧主たる事務所の所在地を管轄する登記所とは別である場合があります。

　また、主たる事務所の所在場所は、従たる事務所の所在地においてする登記事項でもありますので、従たる事務所を設置している組合は、従たる事務所の所在地においても、主たる事務所の移転の登記をしなければなりません。

3　管轄区域内の移転

同一の登記所の管轄内で主たる事務所を移転した場合の登記手続について教えてください。

　農事組合法人が同一の登記所の管轄区域内において主たる事務所を移転した場合には、その登記所に主たる事務所の移転の登記申請をするのみで足ります。例えば、府県内に法人登記を管轄する登記所が集中されて1つの場合には、市町村を超える事務所の移転であっても、同一の登記所の管

轄内での移転ということになります。主たる事務所の所在地を管轄する登記所以外の登記所の管轄区域内に従たる事務所がある場合には、その従たる事務所の所在地を管轄する登記所にも主たる事務所の移転の登記の申請をしなければなりません。

1　登記期間

主たる事務所を移転したときは、移転の日から 2 週間以内に移転の登記をしなければなりません（組合等登記令 3 条 1 項）。

2　申請人

法人を代表すべき理事が申請人となります。

3　添付書類

主たる事務所の移転に係る変更登記の添付書類（組合等登記令 17 条 1 項）は、次のとおりです。

① 　主たる事務所の移転を証する書面

定款の変更を要しない場合は、具体的な主たる事務所の移転の場所及び移転の時期等を決定した理事の過半数の一致を証する書面を添付します。

定款の変更を要する場合には、定款の変更を決議した総会議事録及び理事の過半数の一致を証する書面等が必要になります。

② 　委任状

代理人によって申請する場合は、代理権限を証する書面として委任状を添付します（組合等登記令 25 条、商業登記法 18 条）。

申請書書式
（同一の登記所の管轄内で主たる事務所を移転した場合）

農事組合法人主たる事務所移転登記申請書

1	会社法人等番号	○○○○－○○－○○○○○○	（注 1）
1	フリガナ 名　称	ダイチノカイ 農事組合法人大地の会	（注 2）
1	主たる事務所	埼玉県熊谷市中央町一丁目 1 番 1 号	（注 3）

```
1  登記の事由        主たる事務所移転

1  登記すべき事項    令和○年○月○日主たる事務所を
                    埼玉県川越市○○町○丁目○番○号      （注4）

1  添付書類          理事の過半数の一致を証する書面   1通
                    総会議事録                        1通
                    委任状                            1通   （注5）


   上記のとおり登記の申請をします。


      令和○年○月○日


                    埼玉県川越市○○町○丁目○番○号      （注6）
                    申請人  農事組合法人大地の会

                    埼玉県熊谷市中央町一丁目2番2号
                    理  事          甲山一郎    ㊞   （注7）

                    埼玉県さいたま市浦和区浦和一丁目1番1号
                    上記代理人      山川太郎    ㊞   （注8）

                    連絡先の電話番号

   さいたま地方法務局   御中
```

（注1）会社法人等番号が分かる場合に記載します。
（注2）名称のフリガナは、法人の種類を表す（農事組合法人）部分を除いて、
　　　 片仮名で、左に詰めて記載します。
（注3）移転する前の旧主たる事務所の所在場所を記載します。
（注4）理事の決定書に記載された移転した日及び移転した新主たる事務所の所
　　　 在場所を記載します。
　　　　　登記すべき事項をCD-R（又はDVD-R）に記録し、登記所に提出するこ
　　　 ともできますし、CD-R等に代えてオンラインにより提出することもできます。
（注5）代理人に登記申請を委任した場合に添付します。
（注6）移転後の新主たる事務所の所在場所を記載します。
（注7）理事の印鑑は、理事が登記所に提出した印鑑を押印します。

（注 8）代理人が登記申請する場合に記載し、代理人の印鑑を押印します。理事の印鑑は、委任状に押印しているので、申請書には押印の必要はありません。

（理事の過半数の一致を証する書面）

主たる事務所移転に関する理事の決定書

　令和○年○月○日、当組合事務所（埼玉県熊谷市中央町一丁目1番1号）において、理事全員が出席し、その全員の一致の決議により、主たる事務所について次のとおり決定した。
　1　主たる事務所を令和○年○月○日に埼玉県川越市○○町○丁目○番○号に移転する。

　上記決定事項を証するため、理事全員は、次のとおり記名押印する。

　　　令和○年○月○日

　　　　　　　　　　　　　　　　　農事組合法人大地の会
　　　　　　　　　　　　　　　　　　理事　甲山一郎　㊞
　　　　　　　　　　　　　　　　　　理事　○○○○　㊞
　　　　　　　　　　　　　　　　　　理事　○○○○　㊞

（総会議事録）

総会議事録

1	招集年月日	令和○年○月○日
1	開催場所	当組合事務所
		（埼玉県熊谷市中央町一丁目1番1号）
1	開催日時	令和○年○月○日午前10時30分
1	総組合員数	○名
1	出席組合員数	○名
1	出席した理事及び監事	甲山一郎（議長兼議事録作成者）
		○○○○

1　議長選任の経過

　　定刻に至り司会者○○○○は開会を宣言し、本日の総会は定款所定数を満たしたので有効に成立した旨を告げ、議長の選任方法を諮ったところ、満場一致をもって甲山一郎が議長に選任された。続いて議長から挨拶の後議案の審議に入った。

1　議事の経過の要領及び決議の結果

　　議案　主たる事務所の移転に伴う定款変更の件

　　議長は、当組合の主たる事務所を移転し、定款第○条を次のとおり変更したい旨を議場に諮ったところ、満場一致をもって異議なく可決決定した。
「（事務所）
　　第○条　この組合は、事務所を埼玉県川越市に置く。」

　　以上をもって議案の全部の審議を終了したので、議長は閉会を宣言し、午前11時30分散会した。
　　上記の議決を明確にするため、この議事録を作成する。

　　　令和○年○月○日

　　　　　　　　　　　農事組合法人大地の会　総会において
　　　　　　　　　　　議事録作成者　理事　甲山一郎　㊞

参考（注）議事録が複数ページになる場合は、議事録作成者が各ページの綴り目に契印します。

（委任状）

委　任　状

埼玉県さいたま市浦和区浦和一丁目1番1号

山　川　太　郎

　私は、上記の者を代理人に定め、次の権限を委任する。

1　農事組合法人の主たる事務所移転の登記を申請する一切の件

1　原本還付の請求及び受領の件

　　令和○年○月○日

埼玉県川越市○○町○丁目○番○号

農事組合法人大地の会

理事　甲山一郎　　㊞

（注）理事の印鑑は、理事が登記所に提出している印鑑を押印します。

4　管轄区域外への移転

 Q20

主たる事務所を他の登記所の管轄区域内に移転した場合の登記手続について教えてください。

1　登記の申請手続

　農事組合法人が主たる事務所を他の登記所の管轄区域内に移転した場合には、移転の日から2週間以内に、旧所在地においては移転の登記をし、新所在地においては組合等登記令2条2項各号に掲げる事項を登記しなければならないとされています（組合等登記令4条）。

　また、当該農事組合法人が従たる事務所を設置していて、その従たる事務所の所在地を管轄する登記所が、移転した新主たる事務所の所在地

を管轄する登記所以外の登記所である場合には、従たる事務所の所在地においては3週間以内に、主たる事務所の移転の登記をしなければならないとされています（組合等登記令11条3項）。

　他の登記所の管轄区域内に主たる事務所を移転した場合、新所在地における登記の申請は、旧所在地を管轄する登記所を経由してしなければならず、かつ、新所在地における登記の申請と旧所在地における登記の申請とは、同時にしなければならないとされています。また、これらの登記の申請とともに、印鑑届書も旧主たる事務所の所在地を管轄する登記所を経由して提出しなければならないとされています（組合等登記令25条、商業登記法51条1項、2項）。

　旧所在地を管轄する登記所では、旧所在地宛ての申請書及び新所在地宛ての申請書の双方を審査し、一方に却下事由があるときは、これらの申請を共に却下しなければなりません（組合等登記令25条、商業登記法52条1項）。却下事由がないときは、新所在地宛ての申請書及び印鑑届書を新所在地を管轄する登記所に送付し、その後、新所在地において登記をした旨の通知を待って、旧所在地においても主たる事務所移転の登記を行います（組合等登記令25条、商業登記法52条2項〜5項）。

2　登記すべき事項

(1)　旧所在地における登記の申請書

　登記すべき事項は、移転後の主たる事務所の所在場所及び移転年月日です（組合等登記令4条）。

　添付書面は、移転前の登記所の管轄区域以外に主たる事務所を移転する場合は、定款に記載した最小行政区画を越えての移転となりますので、定款の変更が生ずることになります。この場合には、主たる事務所の移転を証する書面として、総会の議事録及び理事の過半数の一致を証する書面を添付します（組合等登記令17条1項）。

　また、代理人によって登記の申請をする場合には、代理人の権限を証する書面を添付します（組合等登記令25条、商業登記法18条）。

(2)　新所在地における登記の申請書

　登記すべき事項は、組合等登記令2条2項各号に掲げる事項及び農事組合法人の成立年月日並びに主たる事務所を移転した旨及びその年月日です（組合等登記令4条、25条、商業登記法53条）。

　ところで、従前、主たる事務所を他の登記所の管轄区域内に移転した場合の新所在地における登記の申請において、当該登記申請書に記載すべき登記すべき事項（組合等登記令25条、商業登記法17条4号）については、組合等登記令25条で準用する商業登記法53条に規定する事項（ただし、「法人の成立年月日」を除く。）を除き、「別添登記事項証明書記載のとおり」と記載し、当該登記事項証明書と申請書とを契印する取扱いとして差し支えないとされていました（平成19・11・12民商2451号民事局商事課長通知）。この平成19年回答は、管轄外への主たる事務所移転の登記については、申請書に記載すべき登記すべき事項が非常に多いため、申請人が多大な負担を負っていることに配慮したものであるとされています。その後、新主たる事務所所在地における登記申請書の「登記すべき事項」については、大幅に省略され、新所在地における登記の申請書には、「登記すべき事項」として組合等登記令25条で準用する商業登記法53条に規定する事項（ただし、「会社の成立年月日を除く。）の記載（具体的には、「主たる事務所を移転した旨及びその年月日」）があれば足り、その他の事項の記載を省略しても差し支えないとされています（平成29・7・6民商111号民事局商事課長通知）。

　添付書面は、代理人によって申請する場合における代理権限を証する書面として委任状を添付するほかは、何らの書面の添付も要しないとされています（組合等登記令25条、商業登記法51条3項）。

申請書書式
（主たる事務所を他の登記所の管轄区域内に移転した場合──旧主たる事務所の所在地を管轄する登記所に提出するもの）

農事組合法人主たる事務所移転登記申請書

1	会社法人等番号	○○○○－○○－○○○○○○	（注1）
	フリガナ	ダイチノカイ	（注2）
1	名　称	農事組合法人大地の会	
1	主たる事務所	埼玉県熊谷市中央町一丁目1番1号	（注3）

1　登記の事由　　　　　主たる事務所移転

1　登記すべき事項　　　令和○年○月○日主たる事務所を
　　　　　　　　　　　　東京都府中市府中一丁目1番1号に移転　　（注4）

1　添付書類　　　　　　総会議事録　　　　　　　　　　1通
　　　　　　　　　　　　理事の過半数の一致を証する書面　1通
　　　　　　　　　　　　委任状　　　　　　　　　　　　1通　　（注5）

　　上記のとおり登記の申請をします。

　　　令和○年○月○日

　　　　　　　　　　　　東京都府中市府中一丁目1番1号　　　（注6）
　　　　　　　　　　　　申請人　　　農事組合法人大地の会

　　　　　　　　　　　　埼玉県熊谷市中央町一丁目2番2号
　　　　　　　　　　　　理事　　　　甲　山　一　郎　　㊞　　（注7）

　　　　　　　　　　　　埼玉県さいたま市浦和区浦和一丁目1番1号
　　　　　　　　　　　　上記代理人　山　川　太　郎　　㊞　　（注8）

　　　　　　　　　　　　連絡先の電話番号

　　さいたま地方法務局　　御中

（注1）会社法人等番号が分かる場合に記載します。
（注2）名称のフリガナは、法人の種類を表す（農事組合法人）部分を除いて、
　　　片仮名で、左に詰めて記載します。
（注3）移転する前の旧主たる事務所の所在場所を記載します。
（注4）理事の決定書に記載された移転した日及び移転した新主たる事務所の所
　　　在場所を記載します。
　　　　登記すべき事項をCD-R（又はDVD-R）に記録し、登記所に提出するこ
　　　ともできますし、CD-R等に代えてオンラインにより提出することもできます。
（注5）代理人に登記申請を委任した場合に添付します。
（注6）移転後の新主たる事務所の所在場所を記載します。
（注7）理事の印鑑は、理事が登記所に提出した印鑑を押印します。
（注8）代理人が登記申請する場合に記載し、代理人の印鑑を押印します。理事
　　　の印鑑は、委任状に押印しているので、申請書には押印の必要はありません。

（総会議事録）

総会議事録

1　招集年月日　　　　　　　令和○年○月○日
1　開催場所　　　　　　　　当組合事務所
　　　　　　　　　　　　　　（埼玉県熊谷市中央町一丁目１番１号）
1　開催日時　　　　　　　　令和○年○月○日午前 10 時 30 分
1　総組合員数　　　　　　　○名
1　出席組合員数　　　　　　○名
1　出席した理事及び監事　　甲山一郎（議長兼議事録作成者）
　　　　　　　　　　　　　　○○○○
　　　　　　　　　　　　　　○○○○
　　　　　　　　　　　　　　○○○○

1　議長選任の経過
　　定刻に至り司会者○○○○は開会を宣言し、本日の総会は定款所定数
を満たしたので有効に成立した旨を告げ、議長の選任方法を諮ったところ、満場一致をもって甲山一郎が議長に選任された。続いて議長から挨拶の後議案の審議に入った。

1　議事の経過の要領及び決議の結果

　　議案　主たる事務所の移転に伴う定款変更の件

　　議長は、当組合の主たる事務所を移転し、定款第○条を次のとおり変更したい旨を議場に諮ったところ、満場一致をもって異議なく可決決定した。
「（事務所）
第○条　この組合は、事務所を東京都府中市に置く。」

　　以上をもって議案の全部の審議を終了したので、議長は閉会を宣言し、午前 11 時 30 分散会した。
　　上記の議決を明確にするため、この議事録を作成する。

　　　令和○年○月○日

　　　　　　　　　　　　農事組合法人大地の会　総会において
　　　　　　　　　　　　議事録作成者　理事　甲山一郎

（理事の過半数の一致を証する書面）

主たる事務所移転に関する理事の決定書

　令和○年○月○日、当組合事務所（埼玉県熊谷市中央町一丁目１番１号）において、理事全員が出席し、その全員の一致の決議により、主たる事務所について次のとおり決定する。

　１　主たる事務所を令和○年○月○日に東京都府中市府中一丁目１番１号に移転する。

　上記決定事項を証するため、理事全員は、次のとおり記名押印する。

　　　令和○年○月○日

　　　　　　　　　　　　　　　　　農事組合法人大地の会
　　　　　　　　　　　　　　　　　　理事　甲山一郎　㊞
　　　　　　　　　　　　　　　　　　理事　○○○○　㊞
　　　　　　　　　　　　　　　　　　理事　○○○○　㊞

（委任状）

委　任　状

　　　　　　　　　　埼玉県さいたま市浦和区浦和一丁目１番１号
　　　　　　　　　　　　　　　　山　川　太　郎

　私は、上記の者を代理人に定め、下記の権限を委任する。

　１　当組合の主たる事務所移転の登記の申請に関する一切の件

　１　原本還付の請求及び受領の件

　　　令和○年○月○日

　　　　　　　　　　　　　東京都府中市府中一丁目１番１号
　　　　　　　　　　　　　農事組合法人大地の会
　　　　　　　　　　　　　　理事　甲山一郎　　㊞

（注）理事の印鑑は、理事が登記所に提出している印鑑を押印します。

申請書書式
（旧主たる事務所の所在地を管轄する登記所を経由して新主たる事務所の所在地を管轄する登記所に提出するもの）

農事組合法人主たる事務所移転登記申請書

1	会社法人等番号	○○○○ － ○○ － ○○○○○○	（注1）
	フリガナ	ダイチノカイ	（注2）
1	名　称	農事組合法人大地の会	
1	主たる事務所	東京都府中市府中一丁目1番1号	（注3）
1	登記の事由	主たる事務所移転	
1	登記すべき事項	令和○年○月○日主たる事務所移転	（注4）
1	添付書類	委任状　　　　　　　　　1通	

上記のとおり登記の申請をします。

　　　令和○年○月○日

　　　　　　　　　　東京都府中市府中一丁目1番1号　　　（注5）
　　　　　　　　　　申請人　　　農事組合法人大地の会

　　　　　　　　　　埼玉県熊谷市中央町一丁目2番2号
　　　　　　　　　　理　事　　　甲　山　一　郎　　㊞　　（注6）

　　　　　　　　　　埼玉県さいたま市浦和区浦和一丁目1番1号
　　　　　　　　　　上記代理人　山　川　太　郎　　㊞　　（注7）

　　　　　　　　　　連絡先の電話番号

　　　東京法務局　府中支局　御中

（注1）会社法人等番号が分かる場合に記載します。

（注2）名称のフリガナは、法人の種類を表す（農事組合法人）部分を除いて、片仮名で、左に詰めて記載します。

（注3）新主たる事務所の所在地を記載します。

（注4）登記すべき事項を CD-R（又は DVD-R）に記録し、登記所に提出することもできますし、CD-R 等に代えてオンラインにより提出することもできます。

平成 29・7・6 民商 111 号民事局商事課長通知に基づく登記申請を行う際の申請書書式例です（登記情報 673 号 13 頁）。

（注5）新主たる事務所の所在地を記載します。

（注6）理事の印鑑は、理事が登記所に提出した印鑑を押印します。

（注7）代理人が登記申請する場合に記載し、代理人の印鑑を押印します。理事の印鑑は、委任状に押印しているので、申請書には押印の必要はありません。

（登記すべき事項をオンラインにより提供する場合の別紙の例）

「名称」農事組合法人大地の会

「主たる事務所」東京都府中市府中一丁目 1 番 1 号

「法人成立の年月日」平成〇年〇月〇日

「目的」

事業

1　組合員の農業に係る共同利用施設の設置（当該施設を利用して行う組合員の生産する物資の運搬、加工又は貯蔵の事業を含む。）及び農作業の共同化に関する事業

2　農業の経営

3　前 2 号の事業に附帯する事業

「役員に関する事項」

「資格」理事

「住所」埼玉県熊谷市中央町一丁目 2 番 2 号

「氏名」甲山一郎

「原因年月日」令和〇年〇月〇日重任

「役員に関する事項」

「資格」理事

「住所」埼玉県熊谷市中央町〇丁目〇番〇号

「氏名」〇〇〇〇

「原因年月日」令和〇年〇月〇日重任

「役員に関する事項」

「資格」理事

「住所」埼玉県熊谷市○町○丁目○番○号
「氏名」○○○○
「原因年月日」令和○年○月○日就任
「公告の方法」この組合の掲示場に掲示し、かつ、埼玉県において発行する○○新聞に掲載する。
「出資1口の金額」金○○円
「出資の総口数」○○口
「払込済出資総額」金○○円
「出資払込の方法」全額一時払込みとする。
「地区」埼玉県熊谷市の区域
「登記記録に関する事項」
　令和○年○月○日埼玉県熊谷市中央町一丁目1番1号から主たる事務所移転

第2　従たる事務所の新設の登記

農事組合法人が新たに従たる事務所を設けた場合の登記の手続について教えてください。

1　従たる事務所新設の手続

　農事組合法人の定款には、事務所の所在地を記載し、又は記録しなければならないとされています（農協法72条の16第1項1号、28条1項4号）。「事務所」とは、主たる事務所のほか従たる事務所を含みます。また、「事務所の所在地」とは、事務所の所在する最小行政区域を意味するので、市、区、町、村まで記載すれば足り、地番まで記載することは必要ないとされています。

　このように、農事組合法人の従たる事務所は定款で定めなければならないとされていますので、農事組合法人の成立後に、新たに従たる事務所を設置しようとするときは、総会の決議によって定款を変更しなければなりません（農協法72条の29第1項）。定款の変更について行政庁の認可を必要とされていませんが、定款を変更したときは、変更の日から

２週間以内に、変更に係る事項を行政庁に届け出なければならないとされています（同条２項）。

　なお、総会の決議は、総組合員の３分の２以上の多数による決議が必要です（農協法72条の30）。従たる事務所の具体的な設置の場所及び時期は、理事の過半数の一致をもって定めることを要します（農協法72条の18）。

　従たる事務所を設置した場合には、主たる事務所の所在地のほか、設置に係る当該従たる事務所の所在地においても、従たる事務所設置の登記をしなければなりません。

2　従たる事務所新設の登記手続

(1)　登記期間等

　農事組合法人がその成立後に従たる事務所を設けたときは、主たる事務所の所在地においては２週間以内に従たる事務所を設置した旨及びその年月日を登記し（組合等登記令３条１項）、従たる事務所の所在地においては３週間以内に、①名称、②主たる事務所の所在場所、③従たる事務所の所在場所（その所在地を管轄する登記所の管轄区域内にあるものに限ります。）並びに法人の成立年月日、従たる事務所を設置した旨その年月日を登記しなければなりません（組合等登記令11条１項４号、２項、25条、商業登記法48条２項）。

(2)　添付書類

　ア　主たる事務所の所在地における登記

　①　総会議事録

　②　理事の過半数の一致を証する書面

　③　代理権限を証する書面（委任状）

　イ　従たる事務所の所在地における登記

　　主たる事務所の所在地で登記したことを証する書面（登記事項証明書）を添付することを要し、他の書面は添付することを要しません（組合等登記令25条、商業登記法48条１項）。

　　なお、登記申請書に会社法人等番号を記載した場合には、登記事項証明書の添付を省略することができます（組合等登記令25条、商業登記法19条の３、各種法人等登記規則５条、商業登記規則36条の３）。

申請書書式

（従たる事務所の設置─主たる事務所の所在地の登記所に申請する場合）

農事組合法人従たる事務所設置登記申請書

1　会社法人等番号　○○○○－○○－○○○○○○　　　　　（注1）

　　フリガナ　　　　　ダイチノカイ　　　　　　　　　　　　　（注2）
1　名　　称　　　　農事組合法人大地の会

1　主たる事務所　　東京都府中市府中一丁目1番1号

1　登記の事由　　　従たる事務所設置

1　登記すべき事項　令和○年○月○日従たる事務所設置
　　　　　　　　　　従たる事務所　埼玉県熊谷市中央町一丁目1番1号
　　　　　　　　　　　　　　　　　　　　　　　　　　　　（注3）

1　添付書類　　　　総会議事録　　　　　　　　　　1通
　　　　　　　　　　理事の過半数の一致を証する書面　1通
　　　　　　　　　　委任状　　　　　　　　　　　　1通　　（注4）

　上記のとおり登記の申請をします。

　　令和○年○月○日

　　　　　　　　　　　　東京都府中市府中一丁目1番1号
　　　　　　　　　　　　申請人　　農事組合法人大地の会

　　　　　　　　　　　　埼玉県熊谷市中央町一丁目2番2号
　　　　　　　　　　　　理事　　　　　甲山一郎　　㊞　　（注5）

　　　　　　　　　　　　埼玉県さいたま市浦和区浦和一丁目1番1号
　　　　　　　　　　　　上記代理人　　山川太郎　　㊞　　（注6）

　　　　　　　　　　　　連絡先の電話番号

　　　東京法務局　府中支局　御中　　　　　　　　　　　（注7）

（注1）会社法人番号が分かる場合に記載します。

（注2）名称のフリガナは、法人の種類を表す（農事組合法人）部分を除いて、片仮名で、左に詰めて記載します。

（注3）登記すべき事項をCD-R（又はDVD-R）に記録し、登記所に提出することもできますし、CD-R等に代えてオンラインにより提出することもできます。

（注4）代理人に登記申請を委任した場合に添付します。

（注5）理事の印鑑は、理事が登記所に提出した印鑑を押印します。

（注6）代理人が登記申請する場合に記載し、代理人の印鑑を押印します。理事の印鑑は、委任状に押印しているので、申請書には押印の必要はありません。

申請書書式

（主たる事務所・従たる事務所一括申請―従たる事務所の設置の場合）

農事組合法人従たる事務所設置登記申請書

1　会社法人等番号　〇〇〇〇－〇〇－〇〇〇〇〇〇　　　　　　（注1）

　　フリガナ　　　　ダイチノカイ　　　　　　　　　　　　　　（注2）
1　名　称　　　　　農事組合法人大地の会

1　主たる事務所　　東京都府中市府中一丁目1番1号

1　従たる事務所　　埼玉県熊谷市中央町一丁目1番1号　（注3）
　　　　　　　　　　管轄登記所　さいたま地方法務局

1　登記の事由　　　従たる事務所設置

1　登記すべき事項　別紙のとおりの内容をオンラインにより提出済み
　　　　　　　　　　　　　　　　　　　　　　　　　　　　　　（注4）

1　登記手数料　　　300円
　　　　　　　　　　従たる事務所所在地登記所数　　　　1庁　（注5）

1　添付書類　　　　総会議事録　　　　　　　　　　　1通
　　　　　　　　　　理事の過半数の一致を証する書面　1通
　　　　　　　　　　委任状　　　　　　　　　　　　　1通　（注6）

　上記のとおり登記の申請をします。

令和○年○月○日

　　　　　　　　東京都府中市府中一丁目1番1号
　　　　　　　　申請人　　農事組合法人大地の会

　　　　　　　　埼玉県熊谷市中央町一丁目2番2号
　　　　　　　　理事　　　　　　甲　山　一　郎　　㊞　（注7）

　　　　　　　　埼玉県さいたま市浦和区浦和一丁目1番1号
　　　　　　　　上記代理人　　山　川　太　郎　　㊞　（注8）

　　　　　　　　連絡先の電話番号

東京法務局　府中支局　　御中

（注1）会社法人等番号が分かる場合に記載します。
（注2）名称のフリガナは、法人の種類を表す部分（農事組合法人）を除いて、片仮名で、左に詰めて記載します。
（注3）従たる事務所の所在地においてする登記の申請と主たる事務所の所在地においてする登記の一括申請は、その従たる事務所が、主たる事務所の所在地を管轄する登記所の管轄区域外にあるときは、所定の手数料を納付して、主たる事務所の所在地を管轄する登記所を経由して行うことができます。この場合、従たる事務所の所在地においてする登記の申請と主たる事務所の所在地においてする登記の申請とは、同一の書面をもって同時に一括して申請しなければなりません。なお、従たる事務所の所在地においてする登記の申請には、何ら書面の添付は必要ありません（組合等登記令25条、商業登記法49条1項、3項～5項、各種法人等登記規則5条、商業登記規則63条1項）。
（注4）登記すべき事項をCD-R（又はDVD-R）に記録し、登記所に提出することもできますし、CD-R等に代えて、オンラインにより提出することもできます。
（注5）従たる事務所所在地の登記所1庁につき、300円の登記手数料が必要です（登記手数料令12条）。登記手数料は収入印紙で納付します。
（注6）代理人に登記申請を委任した場合に添付します。
（注7）理事の印鑑は、理事が登記所に提出した印鑑を押印します。
（注8）代理人が登記申請する場合に記載し、代理人の印鑑を押印します。理事の印鑑は、委任状に押印しているので、申請書には押印の必要はありません。

（登記すべき事項をオンラインにより提供する場合の別紙の例）

（主たる事務所所在地の登記所における登記すべき事項）
「従たる事務所番号」1
「従たる事務所の所在地」埼玉県熊谷市中央町一丁目1番1号
「原因年月日」令和○年○月○日設置

（従たる事務所所在地の登記所における登記すべき事項）
「名称」農事組合法人大地の会
「主たる事務所」東京都府中市府中一丁目1番1号
「法人成立の年月日」平成○年○月○日
「従たる事務所番号」1
「従たる事務所の所在地」埼玉県熊谷市中央町一丁目1番1号
「登記記録に関する事項」
令和○年○月○日従たる事務所設置

（総会議事録）

総会議事録

1	招集年月日	令和○年○月○日
1	開催場所	当組合事務所
		（東京都府中市府中一丁目1番1号）
1	開催日時	令和○年○月○日午前10時30分
1	総組合員数	○名
1	出席組合員数	○名
1	出席した理事及び監事	甲山一郎（議長兼議事録作成者）
		○○○○
		○○○○
		○○○○

1　議長選任の経過
　　定刻に至り、司会者○○○○は開会を宣言し、本日の総会は定款所定数を満たしたので有効に成立した旨を告げ、議長の選任方法を諮ったところ、満場一致をもって甲山一郎が議長に選任された。続いて議長から挨拶の後議案の審議に入った。

1　議事の経過の要領及び議決の結果

　議　案　定款変更の件

　議長は、新たに従たる事務所を設置するため、この組合の定款を次のとおり変更したい旨を議場に諮ったところ、満場一致をもって異議なく可決決定した。
（事務所）
第○条　この組合は、主たる事務所を東京都府中市に置き、従たる事務所を埼玉県熊谷市に置く。

　以上をもって議案の全部の審議を終了したので、議長は閉会を宣言し、午前11時30分散会した。

　上記の議決を明確にするため、この議事録を作成する。
　　　令和○年○月○日

　　　　　　　　　　　　　農事組合法人大地の会　総会において
　　　　　　　　　　　　　議事録作成者　理事　甲山一郎

（理事の過半数の一致を証する書面）

従たる事務所設置に関する理事の決定書

　令和○年○月○日、当組合事務所（東京都府中市府中一丁目1番1号）において理事全員が出席し、その全員の一致の決議により、従たる事務所の設置について次のとおり決定する。
　1　従たる事務所を令和○年○月○日に埼玉県熊谷市中央町一丁目1番1号に設置する。

　上記決定事項を証するため、理事全員は、次のとおり記名押印する。

　　　令和○年○月○日

　　　　　　　　　　　　　農事組合法人大地の会
　　　　　　　　　　　　　理事　甲山一郎　㊞

理事　〇〇〇〇　㊞

理事　〇〇〇〇　㊞

（委任状）

委　任　状

埼玉県さいたま市浦和区浦和一丁目1番1号

山　川　太　郎

　　私は、上記の者を代理人に定め、次の権限を委任する。

1　令和〇年〇月〇日当組合の従たる事務所を設置したので、その登記の
　申請に関する一切の件

1　原本還付の請求及び受領の件
　　　　令和〇年〇月〇日

東京都府中市府中一丁目1番1号

農事組合法人大地の会

理事　甲山一郎　　㊞

（注）理事の印鑑は、理事が登記所に提出している印鑑を押印します。

申請書書式

（従たる事務所の設置の登記─従たる事務所の所在地の登記所に提出する場合）

農事組合法人従たる事務所設置登記申請書

1	会社法人等番号	〇〇〇〇－〇〇－〇〇〇〇〇〇	（注1）
	フリガナ	ダイチノカイ	（注2）
1	名　称	農事組合法人大地の会	
1	主たる事務所	東京都府中市府中一丁目1番1号	

　1　従たる事務所　　　　埼玉県熊谷市中央町一丁目1番1号　　　（注3）

　1　登記の事由　　　　　従たる事務所設置

　1　登記すべき事項　　　別紙のとおりの内容をオンラインにより提出済み
　　　　　　　　　　　　　　　　　　　　　　　　　　　　　　　（注4）

　1　添付書類　　　　　　（登記事項証明書　　　　　1通）　　　（注5）
　　　　　　　　　　　　　委任状　　　　　　　　　　1通

　　上記のとおり登記の申請をします。

　　　　令和○年○月○日

　　　　　　　　　　　　東京都府中市府中一丁目1番1号
　　　　　　　　　　　　申請人　　　　農事組合法人大地の会

　　　　　　　　　　　　埼玉県熊谷市中央町一丁目2番2号
　　　　　　　　　　　　理事　　　　甲　山　一　郎　㊞　　（注6）

　　　　　　　　　　　　埼玉県さいたま市浦和区浦和一丁目1番1号
　　　　　　　　　　　　上記代理人　山　川　太　郎　㊞　　（注7）

　　さいたま地方法務局　御中

（注1）会社法人等番号が分かる場合に記載します。
（注2）名称のフリガナは、法人の種類を表す（農事組合法人）部分を除いて、
　　　片仮名で、左に詰めて記載します。
（注3）主たる事務所のほか、申請に係る登記所の管轄区域内に設置した事務所
　　　の記載が必要になります。
（注4）登記すべき事項をCD-R（又はDVD-R）に記録し、登記所に提出するこ
　　　ともできますし、CD-R等に代えてオンラインにより提出することもできます。
（注5）主たる事務所の所在地においてした登記を証する書面として登記事項証
　　　明書を添付します。なお、登記申請書に会社法人等番号を記載した場合に
　　　は、登記事項証明書の添付を省略することができます。
（注6）理事の印鑑は、理事が登記所に提出した印鑑を押印します。
（注7）代理人が登記申請する場合に記載し、代理人の印鑑を押印します、理事
　　　の印鑑は、委任状に押印しているので、申請書には押印の必要はありませ
　　　ん。

（登記すべき事項をオンラインにより提供する場合の別紙の例）

> 「名称」農事組合法人大地の会
> 「主たる事務所」東京都府中市府中一丁目1番1号
> 「法人成立の年月日」平成○年○月○日
> 「従たる事務所番号」1
> 「従たる事務所の所在地」埼玉県熊谷市中央町一丁目1番1号
> 「登記記録に関する事項」令和○年○月○日従たる事務所設置

第3 従たる事務所廃止の登記

従たる事務所を廃止した場合の登記手続について教えてください。

1 従たる事務所の廃止の手続

　農事組合法人の従たる事務所の所在地は、定款で定めなければならないとされています（農協法72条の16第1項1号、28条1項4号）。従たる事務所を廃止しようとするときは、理事の過半数の決議によって、従たる事務所の廃止を決定し、総会の決議によって定款を変更しなければなりません。

　定款の変更については行政庁の認可を要しないとされ、変更の日から2週間以内に、変更に係る事項を行政庁に届け出なければならないとされています（組合法72条の29第2項）。

　従たる事務所の廃止をした場合には、主たる事務所の所在地のほか、廃止に係る当該従たる事務所の所在地においても、廃止の登記をする必要があります（組合等登記令11条3項）。

2 従たる事務所の廃止の登記手続

(1) 登記期間等

　農事組合法人が、従たる事務所を廃止したときは、その廃止の日か

ら主たる事務所の所在地においては 2 週間以内に（組合等登記令 3 条 1 項）、従たる事務所の所在地においては 3 週間以内に、従たる事務所の廃止の登記をしなければなりません（組合等登記令 11 条 3 項）。

　従たる事務所の所在地においてする登記の申請は、その従たる事務所が、主たる事務所の所在地を管轄する登記所の管轄区域外にあるときは、所定の手数料を納付して、主たる事務所の所在地を管轄する登記所を経由して行うことができます（組合等登記令 25 条、商業登記法 49 条 1 項）。

(2)　**申請人**

　登記の申請は、代表者たる理事の申請によってします。

(3)　**添付書類**

　主たる事務所所在地において登記を申請する場合の添付書類は、次のとおりです。

①　従たる事務所の廃止を証する書面（組合等登記令 17 条 1 項）

　従たる事務所の廃止を証する書面として、従たる事務所の廃止の決定をした理事の過半数の一致を証する書面及び総会議事録を添付します。

②　代理人によって申請する場合は、代理権限を証する書面として、委任状を添付します（組合等登記令 25 条、商業登記法 18 条）。

　また、従たる事務所の所在地において登記を申請する場合には、主たる事務所の所在地においてした登記を証する書面（登記事項証明書）を添付しなければなりません。この場合には、他の書面の添付を要しません（組合等登記令 25 条、商業登記法 48 条 1 項）。なお、登記の申請書に会社法人等番号を記載した場合には、登記事項証明書を添付する必要はありません（組合等登記令 25 条、商業登記法 19 条の 3、各種法人等登記規則 5 条、商業登記規則 36 条の 3）。

　従たる事務所の所在地においてする登記の申請と主たる事務所の所在地においてする登記の一括申請をする場合においては、従たる事務所の所在地においてする登記の申請には、何ら書面の添付を要しません（組合等登記令 25 条、商業登記法 49 条 4 項）。

申請書書式
（主従一括申請—従たる事務所廃止の登記申請書）

農事組合法人従たる事務所廃止登記申請書

1　会社法人等番号　　○○○○－○○－○○○○○○　　　　　（注1）

　　フリガナ　　　　　ダイチノカイ　　　　　　　　　　　　　（注2）
1　名　　称　　　　　農事組合法人大地の会

1　主たる事務所　　　東京都府中市府中一丁目1番1号
1　従たる事務所　　　埼玉県熊谷市中央町一丁目1番1号　　　　（注3）
　　　　　　　　　　　管轄登記所　さいたま地方法務局

1　登記の事由　　　　従たる事務所廃止

1　登記すべき事項　　令和○年○月○日埼玉県熊谷市中央町一丁目1番
　　　　　　　　　　　1号の従たる事務所廃止

1　登記手数料　　　　金300円　　　　　　　　　　　　　　　　（注4）
　　　　　　　　　　　従たる事務所所在地登記所数　　　1庁

1　添付書類　　　　　総会議事録　　　　　　　　　　1通
　　　　　　　　　　　理事の過半数の一致を証する書面　1通
　　　　　　　　　　　委任状　　　　　　　　　　　　1通　（注5）

　上記のとおり登記の申請をします。
　　　令和○年○月○日

　　　　　　　　　　東京都府中市府中一丁目1番1号
　　　　　　　　　　申請人　　　農事組合法人大地の会

　　　　　　　　　　埼玉県熊谷市中央町二丁目2番2号
　　　　　　　　　　理　事　　　甲　山　一　郎　㊞　（注6）

　　　　　　　　　　さいたま市浦和区浦和一丁目1番1号
　　　　　　　　　　上記代理人　山　川　太　郎　㊞　（注7）
　　　　　　　　　　連絡先の電話番号

東京法務局　府中支局　御中

(注1) 会社法人等番号が分かる場合に記載します。

(注2) 名称のフリガナは、法人の種類を示す（農事組合法人）部分を除いて、片仮名で、左に詰めて記載します。

(注3) 従たる事務所の所在地においてする登記の申請は、その従たる事務所が、主たる事務所の所在地を管轄する登記所の管轄区域外にあるときは、所定の手数料を納付して、主たる事務所の所在地を管轄する登記所を経由して行うことができます。この場合、従たる事務所の所在地においてする登記の申請と主たる事務所の所在地においてする登記の申請とは、同一の書面をもって同時に一括申請をしなければなりません。従たる事務所の所在地においてする登記の申請には、何ら書面の添付を要しません（組合等登記令25条、商業登記法49条1項、3項〜5項、各種法人等登記規則5条、商業登記規則63条1項）。

(注4) 1件につき300円の手数料を納付します（登記手数料令12条）。登記手数料は収入印紙で納付します。

(注5) 代理人に登記申請を委任した場合に添付します。

(注6) 理事の印鑑は、理事が登記所に提出した印鑑を押印します。

(注7) 代理人が申請する場合に記載し、代理人の印鑑を押印します。この場合には、理事の押印は必要ありません。

（総会議事録）

総会議事録

1	招集年月日	令和○年○月○日
1	開催場所	当組合事務所 （東京都府中市府中一丁目1番1号）
1	開催日時	令和○年○月○日午前10時30分
1	総組合員数	○名
1	出席組合員数	○名
1	出席した理事及び監事	甲山一郎（議長兼議事録作成者） ○○○○ ○○○○ ○○○○
1	議長選任の経過	

定刻に至り司会者○○○○は開会を宣言し、本日の総会は定款所定数

を満たしたので有効に成立した旨を告げ、議長の選任方法を諮ったところ、満場一致をもって甲山一郎が議長に選任された。続いて議長から挨拶の後議案の審議に入った。

1　議事の経過の要領及び決議の結果

　議案　定款変更の件

　　議長は、当法人の埼玉県熊谷市中央町一丁目1番1号所在の従たる事務所を廃止するため、定款第○条に「当法人の主たる事務所を東京都府中市に置き、従たる事務所を埼玉県熊谷市に置く。」とあるのを「当法人の主たる事務所を東京都府中市に置く。」と変更したい旨を議場に諮ったところ、満場一致をもって異議なく可決決定した。

　　以上をもって議案の全部の審議を終了したので、議長は閉会を宣言し、午前11時30分散会した。
　　上記の議決を明確にするため、この議事録を作成する。

　　令和○年○月○日

　　　　　　　　　　　　農事組合法人大地の会　総会において
　　　　　　　　　　　　　議事録作成者　理事　甲山一郎

（理事の過半数の一致を証する書面）

従たる事務所廃止に関する理事の決定書

　令和○年○月○日、当組合事務所（東京都府中市府中一丁目1番1号）において、理事全員が出席し、その全員の一致の決議により、従たる事務所について次のとおり決定する。
　1　令和○年○月○日、埼玉県熊谷市中央町一丁目1番1号の従たる事務所を廃止する。

　上記決定事項を証するため、理事全員は、次のとおり記名押印する。

　　　令和○年○月○日

農事組合法人大地の会
　　　　理事　甲山一郎　㊞
　　　　理事　○○○○　㊞
　　　　理事　○○○○　㊞

（委任状）

委　任　状

埼玉県さいたま市浦和区浦和一丁目1番1号
　　　　　　　　　山　川　太　郎

　私は、上記の者を代理人に定め、下記の権限を委任する。

1　当組合の従たる事務所廃止の登記の申請に関する一切の件

1　原本還付の請求及び受領の件

　　令和○年○月○日

　　　　　　　　　東京都府中市府中一丁目1番1号
　　　　　　　　　農事組合法人大地の会
　　　　　　　　　　理事　甲山一郎　　㊞

（注）理事の印鑑は、理事が登記所に提出している印鑑を押印します。

第4 従たる事務所の移転の登記

従たる事務所を移転した場合の登記手続について教えてください。

1 従たる事務所移転の手続

従たる事務所の所在地は定款の記載事項とされていますので、定款で従たる事務所の所在地を最小行政区画（市区町村）で定めている場合において、その最小行政区画の所在内の移転であれば、定款の変更をする必要はありませんが、その最小行政区画外に移転する場合や所在地番まで具体的に記載されている場合の移転には、総会の決議を経て、定款の変更が必要となります。

定款の変更について行政庁の認可は必要とはされていませんが、定款の変更をしたときは、変更の日から2週間以内に、変更に係る事項を行政庁に届け出なければならないとされています（農協法72条の29第2項）。

従たる事務所の移転について、具体的な移転の場所、移転の時期は、理事の過半数の一致により決することになります（農協法72条の18）。

従たる事務所の移転をした場合には、主たる事務所の所在地のほか、移転に係る当該従たる事務所の所在地においても、その登記をする必要があります。

2 従たる事務所移転の登記手続

(1) 登記期間等

農事組合法人がその従たる事務所を他の登記所の管轄区域内に移転したときは、主たる事務所の所在地においては2週間以内に、従たる事務所の旧所在地においては3週間以内に従たる事務所を移転したことを登記し（組合等登記令12条）、従たる事務所の新所在地においては4週間以内に①名称、②主たる事務所の所在場所、③当該従たる事務所の所在場所を登記しなければなりません（組合等登記令11条2項）。

ただし、既設の従たる事務所の所在地を管轄する登記所の管轄区域

内に新たに従たる事務所を移転したときは、新所在地においては、従たる事務所の所在場所のみ登記すれば足ります（組合等登記令12条ただし書）。

　従たる事務所の所在地においてする登記の申請は、その従たる事務所が、主たる事務所の所在地を管轄する登記所の管轄区域外にあるときは、所定の手数料を納付して、主たる事務所の所在地を管轄する登記所を経由して行うことができます（組合等登記令25条、商業登記法49条1項）。

(2)　添付書類

　主たる事務所所在地における従たる事務所移転の登記申請書には、総会議事録及び理事の過半数の一致を証する書面を添付しなければなりません。また、従たる事務所の所在地における登記の申請書には、主たる事務所の所在地において登記した従たる事務所移転の登記の登記事項証明書を添付しなければなりません。この場合には、他の書面の添付を要しません（組合等登記令25条、商業登記法48条1項）。

　なお、申請書に会社法人等番号を記載した場合には、登記を証する書面としての登記事項証明書の添付を省略することができます（組合等登記令25条、商業登記法19条の3、各種法人等登記規則5条、商業登記規則36条の3）。

申請書書式（従たる事務所移転の場合）
（主従事務所一括申請―主たる事務所所在地を管轄する登記所、従たる事務所の旧所在地を管轄する登記所及び従たる事務所の新所在地を管轄する登記所がそれぞれ異なる場合）

農事組合法人従たる事務所移転登記申請書

1　会社法人等番号　　○○○○－○○－○○○○○○　　　（注1）

　　フリガナ　　　　ダイチノカイ　　　　　　　　　　　　（注2）
1　名　称　　　　　農事組合法人大地の会

1　主たる事務所　　東京都府中市府中一丁目1番1号

1　従たる事務所　　①管轄登記所　　さいたま地方法務局　　（注3）
　　　　　　　　　　　従たる事務所の所在地　　埼玉県熊谷市中央
　　　　　　　　　　町一丁目1番1号
　　　　　　　　　②管轄登記所　　東京法務局八王子支局
　　　　　　　　　　従たる事務所の所在地　　東京都八王子市八
　　　　　　　　　　王子一丁目1番1号

1　登記の事由　　　従たる事務所移転

1　登記すべき事項　別紙のとおりの内容をオンラインにより提出済み

1　登記手数料　　　金600円　　　　　　　　　　　　（注4）
　　　　　　　　　　従たる事務所所在地登記所数　　　2庁

1　添付書類　　　　総会議事録1通
　　　　　　　　　　理事の過半数の一致を証する書面　1通
　　　　　　　　　　委任状　　　　　　　　　　1通　　（注5）

　　上記のとおり登記の申請をします。
　　　　令和○年○月○日

　　　　　　　　　　　東京都府中市府中一丁目1番1号
　　　　　　　　　　　申請人　　　農事組合法人大地の会

　　　　　　　　　　　埼玉県熊谷市中央町二丁目2番2号
　　　　　　　　　　　理事　　　　甲　山　一　郎　㊞　　（注6）

　　　　　　　　　　　さいたま市浦和区浦和一丁目1番1号
　　　　　　　　　　　上記代理人　山　川　太　郎　㊞　　（注7）
　　　　　　　　　　　連絡先の電話番号

　　東京法務局　府中支局　　　御中

（注1）会社法人等番号が分かる場合に記載します。
（注2）名称のフリガナは、法人の種類を示す（農事組合法人）部分を除いて、
　　　　片仮名で左に詰めて記載します。
（注3）従たる事務所の所在地においてする登記の申請は、その従たる事務所が、
　　　　主たる事務所の所在地を管轄する登記所の管轄区域外にあるときは、所定

の手数料を納付して、主たる事務所の所在地を管轄する登記所を経由して行うことができます。この場合、従たる事務所の所在地においてする登記の申請と主たる事務所の所在地においてする登記の申請とは、同一の書面をもって同時に一括申請をしなければなりません。従たる事務所の所在地においてする登記の申請には、何ら書面の添付を要しません（組合等登記令25条、商業登記法49条1項、3項～5項、各種法人等登記規則5条、商業登記規則63条1項）。

　従たる事務所の所在地においてする登記の申請と主たる事務所の所在地においてする登記の一括申請をする場合においては、従たる事務所の記載は、その所在地を管轄する登記所ごとに記載しなければなりません（各種法人等登記規則5条、商業登記規則63条2項）。

　①は、移転前の管轄登記所及び従たる事務所を、②は、移転後の管轄登記所及び従たる事務所を記載します。

（注4）従たる事務所所在地の登記所1庁につき、300円の登記手数料が必要です（登記手数料令12条）。登記手数料は収入印紙で納付します。

（注5）代理人に登記申請を委任した場合に添付します。

（注6）理事の印鑑は、理事が登記所に提出した印鑑を押印します。

（注7）代理人が申請する場合に記載し、代理人の印鑑を押印します。この場合には、理事の押印は必要ありません。

（登記すべき事項をオンラインにより提供する場合の別紙の例）

（主たる事務所所在地の登記所における登記すべき事項）
「従たる事務所番号」0
「従たる事務所の所在地」東京都八王子市八王子一丁目1番1号
「原因年月日」令和○年○月○日移転

（従たる事務所所在地の登記所（さいたま地方法務局）における登記すべき事項）
「登記記録に関する事項」
令和○年○月○日埼玉県熊谷市中央町一丁目1番1号の従たる事務所を東京都八王子市八王子一丁目1番1号に移転

（従たる事務所所在地の登記所（東京法務局八王子支局）における登記すべき事項）
「名称」農事組合法人大地の会
「主たる事務所」東京都府中市府中一丁目1番1号

「法人成立の年月日」令和○年○月○日
「従たる事務所番号」1
「従たる事務所所在地」東京都八王子市八王子一丁目1番1号
「登記記録に関する事項」
令和○年○月○日埼玉県熊谷市中央町一丁目1番1号から従たる事務所移転

（総会議事録）

総会議事録

1	招集年月日	令和○年○月○日
1	開催場所	当組合事務所
		（東京都府中市府中一丁目1番1号）
1	開催日時	令和○年○月○日午前10時30分
1	総組合員数	○名
1	出席組合員数	○名
1	出席した理事及び監事	甲山一郎（議長兼議事録作成者）
		○○○○
		○○○○
		○○○○

1　議長選任の経過

　　定刻に至り司会者○○○○は開会を宣言し、本日の総会は定款所定数を満たしたので有効に成立した旨を告げ、議長の選任方法を諮ったところ、満場一致をもって甲山一郎が議長に選任された。続いて議長から挨拶の後議案の審議に入った。

1　議事の経過の要領及び決議の結果
　議案　定款変更の件

　　議長は、当法人の従たる事務所を埼玉県熊谷市中央町一丁目1番1号より東京都八王子市八王子一丁目1番1号に移転するため、定款第○条に「当法人の主たる事務所を東京都府中市に置き、従たる事務所を埼玉県熊谷市に置く。」とあるのを「当法人の主たる事務所を東京都府中市に置き、従たる事務所を東京都八王子市に置く。」と変更したい旨を議場に諮ったところ、満場一致をもって異議なく可決決定した。

　　以上をもって議案の全部の審議を終了したので、議長は閉会を宣言し、午前11時30分散会した。

　　上記の議決を明確にするため、この議事録を作成する。

　　　令和○年○月○日

　　　　　　　　　　　　　農事組合法人大地の会　総会において
　　　　　　　　　　　　　　議事録作成者　理事　甲山一郎　㊞

（理事の過半数の一致を証する書面）

従たる事務所移転に関する理事の決定書

　　令和○年○月○日、当組合事務所（東京都府中市府中一丁目1番1号）において、理事全員が出席し、その全員の一致の決議より、下記議案につき次のとおり決定する。

　　1　当法人の従たる事務所を埼玉県熊谷市中央町一丁目1番1号より東
　　　京都八王子市八王子一丁目1番1号に移転すること。
　　　　従たる事務所移転の時期は、令和○年○月○日とする。

　　上記決定事項を証するため、理事全員は、次のとおり記名押印する。

　　　令和○年○月○日

　　　　　　　　　　　　　　　　　農事組合法人大地の会
　　　　　　　　　　　　　　　理事　甲山一郎　㊞
　　　　　　　　　　　　　　　理事　○○○○　㊞
　　　　　　　　　　　　　　　理事　○○○○　㊞

（委任状）

委 任 状

埼玉県さいたま市浦和区浦和一丁目1番1号
山 川 太 郎

　私は、上記の者を代理人に定め、下記の権限を委任する。

1　令和○年○月○日従たる事務所の移転に伴う登記の申請をする一切の
件

1　原本還付の請求及び受領の件

　　　令和○年○月○日

東京都府中市府中一丁目1番1号
農事組合法人大地の会
　理事　甲山一郎　　㊞

第6章
理事の変更の登記

Q24

農事組合法人の理事に変更が生じた場合の変更登記について教えてください。

1　概説

　農事組合法人は、役員として理事を置かなければならないとされています（農協法72条の17第1項）。また、定款で定めることにより、役員として監事を置くことができます（同条2項）。監事を置くかどうかは任意であり、監事を置く場合には定款でその旨を定めなければなりません。

　農事組合法人の役員は、定款で定めるところにより、総会で選任するとされており（同条3項）、また、理事は、農事組合法人の農民たる組合員でなければならないとされています（同条4項）。

　理事の定数は法定されておらず、1名以上の理事を置けばよいと解されていますので、定款で必要に応じて定めることになります。任期は、3年以内において定款で定める期間であるとされていますが、定款により、その任期を任期中の最終の事業年度に関する通常総会の終結の時まで伸長することができるとされています（農協法73条2項、31条1項）。

　農事組合法人については、理事が、農事組合法人の全ての業務について、農事組合法人を代表し（農協法72条の19）、理事の代表権に加えた制限は、善意の第三者に対抗することができないとされていますので（農協法72条の20）、理事全員を「代表権を有する者」として登記することとされています。

2　理事の変更の登記手続

　理事に変更が生じたとき、すなわち、新たに理事が選任されて就任したとき、また、理事が任期満了、辞任、解任、死亡等により退任した場合には、理事の変更登記を申請しなければなりません。なお、定款で定

めた役員の員数が欠けた場合には、任期満了又は辞任により退任した役員は、新たに選任された者が就任するまで、なお役員としての権利義務を有するとされています（農協法73条2項、39条1項前段）。この場合には、役員は退任するものの、退任の登記は、申請することができません。そのほか、理事の氏・名又は住所等に変更があった場合には、その変更の登記をしなければなりません。

(1) 登記期間等

農事組合法人の理事に変更を生じたときは、変更を生じた日から2週間以内に、主たる事務所の所在地において、変更の登記をしなければなりません（組合等登記令3条1項）。

(2) 添付書類

変更の登記の申請書には、その事項の変更を証する書面を添付しなければならないとされています（組合等登記令17条1項）。

ア　理事の就任による変更の登記

① 理事を選任した総会議事録を添付します。

② 理事の就任を承諾したことを証する書面として、就任承諾書を添付します。

③ 定款（各種法人等登記規則5条、商業登記規則61条1項）

役員の選出は、定款の定めにより、総会における選任の方法による（農協法72条の17第3項）とされていますので、定款に定める選任手続により、理事を選任したことを明確にするために添付します。

④ 印鑑証明書

理事の変更の登記の申請書には、議長及び出席した理事が総会の議事録に押印した印鑑につき、当該印鑑が変更前の理事の登記所届出印と同一であるときを除き、市町村長の作成に係る印鑑証明書の添付が必要です（各種法人等登記規則5条、商業登記規則61条6項）。

イ　理事の退任を証する書面

添付書面は、退任を証する書面ですが、退任事由に応じて、次のような書面が該当します。

① 死亡の場合

　　親族等からの法人に対する死亡届、戸籍謄抄本、法定相続情報
　一覧図の写し等が退任を証する書面に該当します。
②　辞任の場合
　　辞任届が、退任を証する書面に該当します。
　　登記所に印鑑を提出している理事の辞任による変更登記の申請
　書には、当該理事が辞任届に押印した印鑑と登記所に提出してい
　る印鑑とが同一である場合を除き、当該印鑑につき市町村長作成
　の印鑑証明書を添付する必要があります（各種法人等登記規則5
　条、商業登記規則61条8項）。
③　解任の場合
　　解任に係る総会議事録が退任を証する書面に該当します。
④　任期満了の場合
　　理事の任期満了については、改選の際の総会の議事録に、任期
　満了により退任した旨の記載がある場合には、その議事録が退任
　を証する書面に該当します。
ウ　委任状
　代理人に登記申請を委任した場合に添付します。

申請書書式
（役員変更登記―理事の一人が辞任により退任し、後任理事が就任した場合）

農事組合法人変更登記申請書

1	会社法人等番号	○○○○－○○－○○○○○○	（注1）
	フリガナ	ダイチノカイ	（注2）
1	名　称	農事組合法人大地の会	
1	主たる事務所	東京都府中市府中一丁目1番1号	
1	登記の事由	理事の変更	
1	登記すべき事項	別紙のとおりの内容をオンラインにより提出済み	

1　添付書類　　　　総会議事録　　　　　　　　１通
　　　　　　　　　　就任承諾書　　　　　　　　１通
　　　　　　　　　　定款　　　　　　　　　　　１通
　　　　　　　　　　辞任届　　　　　　　　　　１通
　　　　　　　　　　（印鑑証明書）　　　　　　○通
　　　　　　　　　　委任状　　　　　　　　　　１通　　（注4）

　　　上記のとおり登記の申請をします。

　　　　令和○年○月○日

　　　　　　　　　　　　東京都府中市府中一丁目１番１号
　　　　　　　　　　　　申請人　　　農事組合法人大地の会

　　　　　　　　　　　　埼玉県熊谷市中央町一丁目２番２号
　　　　　　　　　　　　理事　　　甲　山　一　郎　　㊞　　（注5）

　　　　　　　　　　　　さいたま市浦和区浦和一丁目１番１号
　　　　　　　　　　　　上記代理人　山　川　太　郎　　㊞　　（注6）
　　　　　　　　　　　　連絡先の電話番号

　　東京法務局　府中支局　御中

（注1）会社法人等番号が分かる場合に記載します。
（注2）名称のフリガナは、法人の種類を表す（農事組合法人）部分を除いて、
　　　　片仮名で、左に詰めて記載します。
（注3）登記すべき事項をCD-R（又はDVD-R）に記録し、登記所に提出するこ
　　　　ともできますし、CD-R等に代えてオンラインにより提出することもでき
　　　　ます。
（注4）代理人に登記申請を委任した場合に添付します。
（注5）理事の印鑑は、理事が登記所に提出した印鑑を押印します。
（注6）代理人が申請する場合に記載し、代理人の印鑑を押印します。この場合
　　　　には、理事の押印は必要ありません。

（登記すべき事項をオンラインにより提供する場合の別紙の例）

「役員に関する事項」
「資格」理事
「住所」○県○市○町○丁目○番○号
「氏名」○○○○
「原因年月日」令和○年○月○日辞任
「役員に関する事項」
「資格」理事
「住所」○県○市○町○丁目○番○号
「氏名」○○○○
「原因年月日」令和○年○月○日就任

（総会議事録）

総会議事録

1　招集年月日　　　　　　　　令和○年○月○日
1　開催場所　　　　　　　　　当法人事務所
　　　　　　　　　　　　　　　（東京都府中市府中一丁目1番1号）
1　開催日時　　　　　　　　　令和○年○月○日午前10時30分
1　総組合員数　　　　　　　　○名
1　出席組合員数　　　　　　　○名
1　出席した理事　　　　　　　甲山一郎（議長兼議事録作成者）
　　　　　　　　　　　　　　　○○○○
　　　　　　　　　　　　　　　○○○○

1　議長選任の経過
　　定刻に至り司会者○○○○開会を宣言し、本日の総会は定款所定数を
　満たしたので有効に成立した旨を告げ、議長の選任方法を諮ったとこ
　ろ、満場一致をもって甲山一郎が議長に選任された。続いて議長から挨
　拶の後、議案の審議に入った。

1　議事の経過の要領及び決議の結果

　議案　理事の辞任による改選の件
　　議長は、理事○○○○が令和○年○月○日をもって辞任した旨を述
　べ、後任理事の改選方を議場に諮ったところ満場一致をもって、次の者

が理事に選任され、被選任者は、その就任を承諾した。
　　　　　理事　　○県○市○町○丁目○番○号
　　　　　　　　　○○○○　（新任）

　　　以上をもって議案の全部の審議を終了したので、議長は閉会を宣言し、
　　午前 11 時 30 分散会した。
　　　上記の議決を明確にするため、議長及び出席理事全員において次に記名
　　押印する。

　　　　令和○年○月○日

　　　　　　　　　　　　　　農事組合法人大地の会　　総会において
　　　　　　　　　　　　　　議長理事　　甲山一郎　　㊞
　　　　　　　　　　　　　　出席理事　　○○○○　　㊞
　　　　　　　　　　　　　　同　　　　　○○○○　　㊞

（注） 総会の席上で理事が就任を承諾し、その旨の記載が議事録にある場合には、
　　　申請書に、別途、就任承諾書を添付する必要はありません。この場合には、
　　　申請書に「就任承諾書は、総会議事録の記載を援用する。」と記載します。
　　　　また、議事録については、議長及び出席した理事全員の実印を押し、当該
　　　印鑑について市町村長が作成した印鑑証明書を添付します。ただし、当該議
　　　事録に変更前の理事が登記所に提出した印鑑と同一のものが押されている場
　　　合には、これらの印鑑証明書は添付する必要はありません。

（就任承諾書）

　　　　　　　　　　　　　　就任承諾書

　　　私は、令和○年○月○日開催の貴法人総会において、貴法人の理事に選
　　任されたので、その就任を承諾します。

　　　　令和○年○月○日

　　　　　　　　　　　　　　　　○県○市○町○丁目○番○号
　　　　　　　　　　　　　　　　○　○　○　○　　㊞

　　農事組合法人大地の会　　　御中

（辞任届）

辞　任　届

　私は、この度、健康上の都合により、貴法人の理事を辞任いたしたく、お届けいたします。

　　　令和○年○月○日

　　　　　　　　　　　　　　　　　　○県○市○町○丁目○番○号
　　　　　　　　　　　　　　　　　　　○　　○　　○　　○　　㊞

　　　農事組合法人大地の会　御中

(注) 登記所に印鑑の提出をしている理事の辞任による変更の登記の申請書には、辞任届に押した印鑑につき市町村長の作成した印鑑証明書を添付しなければなりません。ただし、当該理事が登記所に提出している印鑑を辞任届に押しているときは、市町村長の作成した印鑑証明書を添付する必要はありません（各種法人等登記規則5条、商業登記規則61条8項）。

（死亡届の例）

死　亡　届

　貴法人の理事○○○○は、令和○年○月○日死亡いたしましたので、お届けいたします。

　　　令和○年○月○日

　　　　　　　　　　　　　　　　　　○県○市○町○丁目○番○号
　　　　　　　　　　　　　　　　　　妻　○　　○　　○　　○　　㊞

　　　農事組合法人大地の会　御中

（委任状）

委　任　状

埼玉県さいたま市浦和区浦和一丁目１番１号

山　川　太　郎

　私は、上記の者を代理人に定め、次の権限を委任する。

1　当法人の理事の変更登記を申請すること。

1　原本還付の請求及び受領の件

　　令和○年○月○日

　　　　　　　　　　　　　東京都府中市府中一丁目１番１号
　　　　　　　　　　　　　農事組合法人大地の会
　　　　　　　　　　　　　　理事　甲山一郎　㊞

（注）理事の印鑑は、理事が登記所に提出している印鑑を押印します。

申請書書式

（役員変更登記―理事の全員が重任した場合）

農事組合法人変更登記申請書

1　会社法人等番号　　　○○○○－○○－○○○○○○　　　（注１）

　　フリガナ　　　　　　ダイチノカイ　　　　　　　　　　（注２）
1　名　称　　　　　　　農事組合法人大地の会

1　主たる事務所　　　　東京都府中市府中一丁目１番１号

1　登記の事由　　　　　理事の変更

1　登記すべき事項　　　別紙のとおりの内容をオンラインにより提出済み
　　　　　　　　　　　　　　　　　　　　　　　　　　　　（注３）

```
　1　添付書類　　　　総会議事録　　　　　　　　　1通
　　　　　　　　　　　就任承諾書　　　　　　　　　○通
　　　　　　　　　　　定款　　　　　　　　　　　　1通
　　　　　　　　　　　（印鑑証明書）　　　　　　　○通　　（注4）
　　　　　　　　　　　委任状　　　　　　　　　　　1通　　（注5）
```

　　上記のとおり登記の申請をします。

　　令和○年○月○日

　　　　　　　　　　　　東京都府中市府中一丁目1番1号
　　　　　　　　　　　　申請人　　　　農事組合法人大地の会

　　　　　　　　　　　　埼玉県熊谷市中央町一丁目2番2号
　　　　　　　　　　　　理事　　　　甲　山　一　郎　　㊞　　（注6）

　　　　　　　　　　　　埼玉県さいたま市浦和区浦和一丁目1番1号
　　　　　　　　　　　　上記代理人　山　川　太　郎　　㊞　　（注7）

　　　　　　　　　　　　連絡先の電話番号

　東京法務局　　府中支局　　御中

（注1）会社法人等番号が分かる場合に記載します。

（注2）名称のフリガナは、法人の種類を示す（農事組合法人）部分を除いて、片仮名で、左に詰めて記載します。

（注3）登記すべき事項をCD-R（又はDVD-R）に記録し、登記所に提出することもできますし、CD-R等に代えてオンラインにより提出することもできます。

（注4）理事の就任による変更登記の申請書には、理事を選任した総会議事録に押印した理事全員の印鑑につき市町村長の作成した印鑑証明書添付しなければならないとされています。ただし、当該印鑑と当該理事が登記所に提出している印鑑とが同一であるときは、印鑑証明書の提出は必要ありません（各種法人等登記規則5条、商業登記法61条6項）。

（注5）代理人に登記申請を委任した場合に添付します。

（注6）理事の印鑑は、理事が登記所に提出した印鑑を押印します。

（注7）代理人が申請する場合に記載し、代理人の印鑑を押印します。この場合には、理事の押印は必要ありません。

（登記すべき事項をオンラインにより提供する場合の別紙の例）

「役員に関する事項」
「資格」理事
「住所」埼玉県熊谷市中央町一丁目２番２号
「氏名」甲山一郎
「原因年月日」令和〇年〇月〇日重任
「役員に関する事項」
「資格」理事
「住所」〇県〇市〇町〇丁目〇番〇号
「氏名」〇〇〇〇
「原因年月日」令和〇年〇月〇日重任
「役員に関する事項」
「資格」理事
「住所」〇県〇市〇町〇丁目〇番〇号
「氏名」〇〇〇〇
「原因年月日」令和〇年〇月〇日重任

（総会議事録）

総会議事録

1	招集年月日	令和〇年〇月〇日
1	開催場所	当法人事務所
		（東京都府中市府中一丁目１番１号）
1	開催日時	令和〇年〇月〇日午前10時30分
1	総組合員数	〇名
1	出席組合員数	〇名
1	出席した理事及び監事	甲山一郎（議長兼議事録作成者）
		〇〇〇〇
		〇〇〇〇
		〇〇〇〇

1　議長選任の経過

　　定刻に至り司会者〇〇〇〇開会を宣言し、本日の総会は定款所定数を満たしたので有効に成立した旨を告げ、議長の選任方法を諮ったところ、満場一致をもって甲山一郎が議長に選任された。続いて議長から挨拶の後議案の審議に入った。

1　議事の経過の要領及び議案別決議の結果

　第1号議案　令和○年度事業報告及び計算書類承認の件
　　（議事の経過省略）満場異議なく承認可決した。

　第2号議案　令和○年度の事業計画承認の件
　　（議事の経過省略）満場一致で承認可決した。

　第3号議案　理事任期満了による改選の件
　　　議長は、理事甲山一郎、同○○○○及び同○○○○が任期満了につきその改選方を議場に諮ったところ満場一致をもって、次の者が理事に選任され、被選任者は、いずれもその就任を承諾した。
　　　　　理事　埼玉県熊谷市中央町一丁目2番2号
　　　　　　　　甲山一郎（重任）
　　　　　理事　○県○市○町○丁目○番○号
　　　　　　　　○○○○（重任）
　　　　　理事　○県○市○町○丁目○番○号
　　　　　　　　○○○○（重任）

　以上をもって議案の全部の審議を終了したので、議長は変改を宣言し、午前11時30分散会した。
　　上記の議決を明確にするため、議長及び出席理事全員において次に記名押印する。

　　令和○年○月○日

　　　　　　　　　　　　　　　農事組合法人大地の会
　　　　　　　　　　　　　　　総会において
　　　　　　　　　　　　　　　議長理事　甲山一郎　　㊞
　　　　　　　　　　　　　　　出席理事　○○○○　　㊞
　　　　　　　　　　　　　　　同　　　　○○○○　　㊞

（注） ①理事の就任による変更の登記の申請書には、議長及び出席した理事全員の印鑑につき市町村長の作成した印鑑証明書を添付しなければならないとされています。ただし、当該印鑑と理事が登記所に提出している印鑑とが同一であるときは、印鑑証明書の添付は要しないとされています（各種法人等規則5条、商業登記規則61条6項）。
　　②総会の席上で被選任者が就任を承諾し、その旨の記載が議事録にある場

合には、申請書に、別途、就任承諾書を添付する必要はありません。この場合には、申請書に「就任承諾書は、総会議事録の記載を援用する。」と記載します。

（就任承諾書）

就任承諾書

　私は、令和○年○月○日開催の貴法人総会において、貴法人の理事に選任されたので、その就任を承諾します。

　　　令和○年○月○日

　　　　　　　　　　　　　　埼玉県熊谷市中央町一丁目２番２号
　　　　　　　　　　　　　　　　甲　山　一　郎　㊞
　　　農事組合法人大地の会　御中

（委任状）

委　任　状

　　　　　　　　　埼玉県さいたま市浦和区浦和一丁目１番１号
　　　　　　　　　　　　　山　川　太　郎

　私は、上記の者を代理人に定め、次の権限を委任する。

１　当法人の理事の変更登記の申請をすること。

１　原本還付の請求及び受領の件

　　　令和○年○月○日

　　　　　　　　　　　　　東京都府中市府中一丁目１番１号
　　　　　　　　　　　　　農事組合法人大地の会
　　　　　　　　　　　　　　理事　甲山一郎　　㊞

（注）理事の印鑑は、理事が登記所に提出している印鑑を押印します。

第 7 章
農事組合法人の合併の登記

農事組合法人の合併の手続について教えてください。

1　概説

農事組合法人は、他の農事組合法人と合併することができます。なお、農事組合法人の合併は、農事組合法人相互に限り認められ、他の法律に基づく会社、法人等との合併はできないとされています。

農事組合法人の合併は、吸収合併と新設合併の2通りがあります。吸収合併とは、農事組合法人が他の農事組合法人とする合併であって、合併によって、当事者たる農事組合法人のうちの一つの法人が存続し、他の法人が消滅する場合をいいます。また、新設合併とは、2以上の農事組合法人がする合併であって、合併によって、当事者たる農事組合法人の全部が消滅し、新たに農事組合法人が設立される場合をいいます。そして、合併後存続する農事組合法人又は合併によって設立した農事組合法人は、合併によって消滅した農事組合法人の一切の権利義務を承継します（農協法73条4項、68条）。

農事組合法人が合併するときは、政令で定める事項を定めた合併契約を締結し、各農事組合法人の総会の決議により、その承認を受けなければならないとされています（農協法73条4項、65条1項）。

農事組合法人の合併は、合併後存続する農事組合法人（以下「存続農事組合法人」という。）又は合併によって設立する農事組合法人（以下「新設農事組合法人」という。）が、その主たる事務所の所在地において、合併により消滅する農事組合法人（以下「消滅農事組合法人」という。）については解散の登記を、存続農事組合法人については変更の登記、新設農事組合法人については設立の登記をしなければなりません（組合等登記令8条）。この登記をすることによって、合併の効力を生ずるとされています（農協法73条4項、67条）。

農事組合法人は、合併をしたときは、合併の日（登記の日）から2週間以内に登記事項証明書（合併によって設立した農事組合法人にあって

は、登記事項証明書及び定款）を添えて、その旨を行政庁に届け出なければならないとされています（農協法72条の35第3項）。

2　合併の手続

合併の手続は次のとおりです。

合併契約の締結・総会の決議（農協法73条4項、65条1項）
　　農事組合法人が合併しようとするときは、合併契約を締結して、総会の決議により、その承認を受けなければならない。

↓

(新設合併の場合には、当事者たる農事組合法人の合併の決議をした総会において、設立委員を選任し、選任された設立委員が共同して定款を作成し、役員を選任するなどの設立に必要な行為をします（農協法73条4項、66条1項))。

↓

合併契約等の内容等を記載した書面等の備置き・閲覧等（農協法73条4項、65条の3）
　　組合員にとって合併条件が公正かどうかを判断し、又は農事組合法人債権者が合併に対し異議を述べるべきか否かを判断するための資料を提供する趣旨から、組合の理事は、合併の前後の一定期間、合併契約の内容等を記載した書面等を主たる事務所に備え置かなければならないとされています。また、組合員及び組合の債権者は、合併契約の内容等を記載した書面等について、閲覧及び謄本又は抄本等の交付の請求を行うことができます。

↓

債権者保護手続（農協法73条4項、65条4項）
　　合併は、合併する農事組合法人の組合員に対してだけでなく、その債権者に対しても重大な影響を与えますので、合併当事農事組合法人はその債権者に対して、債権者保護手続をとらなければならないとされています。

↓

合併の登記（組合等登記令8条）
　　農事組合法人が合併するときは、合併に必要な手続が終了した日から、2週間以内に、その主たる事務所の所在地において、消滅農事組合法人については解散の登記をし、存続農事組合法人については変更の登記をし、新設農事組合法人については、設立の登記をしなければならないとされています（組合等登記令8条1項）。農事組合法人の合併は、存続農事組合法人又は新設農事組合法人が、その主たる事務所の所在地において、この登記をすることによってその効力を生じます（農協法67条）。

↓

行政庁への合併の届出（農協法72条の35第3項）
　　農事組合法人は、合併したときは、合併の日から2週間以内に登記事項証明書（新設合併にあっては、登記事項証明書及び定款）を添えて、その旨を行政庁に届け出なければならないとされています（農協法72条の35第3項）。

---

(1) 合併契約書の締結

　農事組合法人が合併しようとするときは、政令で定める事項を定めた合併契約を締結する必要があります（農協法 73 条 4 項、65 条 1 項）。なお、合併契約の内容については、総会の日の 2 週間前の日又は債権者への公告若しくは債権者への各別の催告のいずれか早い日から合併の登記の日まで主たる事務所に備え置かなければなりません（農協法 73 条 4 項、65 条の 3 第 1 項）。

　合併契約には、次の事項を定めなければならないとされています（施行令 35 条）。

①　存続農事組合法人又は新設農事組合法人の名称、地区及び主たる事務所の所在地

②　存続農事組合法人又は新設農事組合法人の出資 1 口の金額

③　消滅農事組合法人の組合員又は会員に対する出資の割当てに関する事項

④　存続農事組合法人又は新設農事組合法人の資本準備金及び利益準備金に関する事項

⑤　消滅農組合法人の組合員又は会員に対して支払をする金額を定めたときは、その規定

⑥　合併を行う組合が合併の日までに剰余金の配当をするときは、その限度額

⑦　合併を行う時期

⑧　合併の決議を行う総会の日

　なお、存続農事組合法人又は新設農事組合法人が非出資組合である場合は、上記の②、③及び④の内容は不要であるとされています（施行令 35 条）。

(2) 総会の決議

　農事組合法人が合併しようとするときは、合併契約を締結して、総会の決議により、その承認を受けなければならないとされています（農協法 73 条 4 項、65 条 1 項）。

　この総会の決議は、総組合員の 3 分の 2 以上の多数による決議（特別決議）が必要とされています（農協法 72 条の 30）。

　新設合併の場合は、合併の決議をした総会において、総組合員の 3

分の2以上の多数による特別決議で設立委員を選任します。選任された設立委員が協同して定款を作成し、役員を選任するなどの設立に必要な行為をします（農協法72条の35、73条4項、66条1項）。なお、設立委員が協同して選任する新設農事組合法人の理事については、その全員が農民たる組合員でなければならないとされています（農協法72条の35第2項、72条の17第4項）。

(3) 合併契約の内容等の備置き、閲覧等

ア　合併契約の内容その他農林水産省令で定める事項を記載した書面等の備置期間

　　次の農事組合法人の理事は、合併の前後の一定期間、合併契約の内容等を記載した書面等を主たる事務所に備え置かなければならないとされています（農協法73条4項、65条の3第1項、施行規則209条1項）。

① 消滅農事組合法人

　　合併によって消滅する農事組合法人は、合併契約の承認をする総会の日の2週間前の日又は合併をする旨の公告又は知れている債権者への各別の催告の日のいずれか早い日から、合併の登記の日までの間、備え置かなければなりません。

② 存続農事組合法人

　　合併後存続する農事組合法人は、合併契約を承認する総会の日の2週間前の日又は合併をする旨の公告又は知れている債権者への各別の催告の日のいずれか早い日から、合併の登記の日後、6か月を経過する日までの間、備え置かなければなりません。

③ 新設農事組合法人

　　合併によって設立する農事組合法人の開示期間は、合併の登記の日から6か月間、備え置かなければなりません。

イ　合併契約等の内容等を記載した書面等の閲覧・謄本・抄本等の交付の請求

　　アに掲げる①、②及び③の農事組合法人の組合員及び債権者は、合併契約の内容等を記載した書面等について、閲覧及び謄本又は抄本等の交付の請求を行うことができます（農協法73条4項、65条の3第2項）。

　なお、組合員及び債権者は、合併契約等の内容等を記載した書面等の謄本・抄本等の交付の請求をするには、農事組合法人で定めた費用を支払わなければならないとされています（同条 3 項）。

(4)　債権者保護手続

　農事組合法人の合併は、合併をする当事農事組合法人の組合員に対してだけではなく、その農事組合法人の債権者に対しても重大な影響を与えますので、合併当事農事組合法人はその債権者に対して、債権者保護手続をとらなければならないとされています（農協法 73 条 4 項、65 条 4 項）。

　農事組合法人は、合併をするときは、①合併をする旨、②財産目録又は計算書類を主たる事務所に備え置いている旨、③債権者が一定の期間内に異議を述べることができる旨を官報に公告し、④かつ、貯金者定期積金の積金者その他政令で定める債権者以外の知れている債権者には各別に催告しなければならないとされています（農協法 65 条 4 項、49 条）。なお、農事組合法人が、上記の公告を官報のほか、定款の定めに従い、時事に関する事項を掲載する日刊新聞紙に掲載する方法又は電子公告によって行う場合には、知れている債権者に対する各別の催告は、することを要しないとされています（農協法 73 条 4 項、65 条 4 項、49 条）。

　債権者が、一定の期間内に異議を述べなかったときは、合併を承認したものとみなされますが、債権者が異議を述べたときは、農事組合法人は、債権者を害するおそれがないときを除き、弁済し、若しくは相当の担保を供し、又はその債権者に弁済を受けさせることを目的として、信託会社若しくは信託業務を営む金融機関に相当の財産を信託しなければならないとされています。（農協法 73 条 4 項、65 条 4 項、50 条 1 項、2 項）。

(5)　合併の登記

　農事組合法人の合併は、存続農事組合法人又は新設農事組合法人が、その主たる事務所の所在地において、合併の登記をすることによって、その効力を生じます（農協法 73 条 4 項、67 条）。合併の登記は合併の効力発生要件です。

　存続農事組合法人又は新設農事組合法人は、消滅農事組合法人の一

切の権利義務を承継します。この権利義務には行政庁の許可、認可その他の処分に基づいて有するものを含みます（農協法73条4項、68条）。

(6)　**行政庁への合併の届出**

　　農事組合法人は、合併したときは、合併の日から2週間以内に、登記事項証明書（新設農事組合法人にあっては、登記事項証明書及び定款）を添えて、その旨を行政庁に届け出なければならないとされています（農協法72条の35第3項）。

3　合併の登記手続

(1)　存続農事組合法人についてする変更の登記

　ア　登記期間

　　農事組合法人は、合併に必要な手続が終了した日から2週間以内に、その主たる事務所において、存続農事組合法人については変更の登記をし、消滅農事組合法人については解散の登記をしなければならないとされています（組合等登記令8条1項）。

　　また、存続農事組合法人は、合併に必要な手続が終了した日から3週間以内に、従たる事務所の所在地においても、変更の登記をしなければならないとされていますが、当該変更の登記は、組合等登記令11条2項各号に掲げる事項に変更が生じた場合に限りするものとされています（組合等登記令13条）。

　イ　登記事項

　　吸収合併による変更の登記においては、合併をした旨並びに消滅農事組合法人の名称及び主たる事務所を登記しなければならないとされています（組合等登記令25条、商業登記法79条）。また、存続出資農事組合法人が、出資の総口数及び払込済出資総額に変更を生じた場合には、これらの事項についても変更の登記をすることになります。

　ウ　添付書類

　　合併による変更の登記申請書には、次の書面を添付しなければならないとされています。

　①　変更を証する書面（組合等登記令17条1項）

　　i　吸収合併契約書

　　　吸収合併契約書については、商業登記法80条1号とは異なり、組合等登記令上、明文で添付書類とはされていませんが、

農協法においては、合併に際しては合併契約書の作成が必要とされており（農協法65条1項、65条の3第1項）、合併契約書には合併後存続する農事組合法人の名称、地区及び主たる事務所の所在地、出資1口の金額等が記載されるとされていることから、吸収合併契約書は、変更を証する書面として、添付を要するものと解されています（民事月報71巻5号58頁）。

　　ⅱ　総会議事録
②　債権者保護手続関係書面
　ⅰ　公告及び催告をしたこと並びに異議を述べた債権者があるときは、当該債権者に対し弁済し、若しくは相当の担保を提供し、若しくは当該債権者に弁済を受けさせることを目的として相当の財産を信託したこと又は当該債権者を害するおそれがないことを証する書面（組合等登記令20条2項）
　ⅱ　公告を官報のほか定款で定めた時事に関する事項を掲載する日刊新聞紙又は電子公告の方法による公告をしたときは、これらの方法による公告をしたことを証する書面（組合等登記令20条3項）
③　消滅農事組合法人の登記事項証明書（組合等登記令20条1項）
　　組合等登記令25条において商業登記法19条の3の規定、各種法人等登記規則5条において商業登記規則36条の3の規定がそれぞれ準用されていますので、登記の申請書に会社法人等番号を記載することによって、登記事項証明書の添付を要しないとされています。
④　出資の総口数及び払込済みの出資の総額を証する書面
⑤　代理人によって登記の申請をする場合には、代理人の権限を証する書面（組合等登記令25条、商業登記法18条）

(2)　**新設合併による設立の登記**
　ア　登記期間
　　農事組合法人が合併したときは、合併に必要な手続が終了した日から2週間以内に、主たる事務所の所在地において、新設農事組合法人については設立の登記をし、消滅農事組合法人については解散の登記をしなければならないとされています（組合等登記令8条）。
　　また、新設農事組合法人が新設合併に際して従たる事務所を設けた場合には、合併に必要な手続が終了した日から3週間以内に、従

たる事務所の所在地において、①名称、②主たる事務所の所在場所、③従たる事務所の所在場所の登記をしなければならないとされています（組合等登記令11条1項2号、2項各号）。

イ　登記事項

　　新設合併の場合には、①通常の設立の登記事項（組合等登記令2条2項）、また、②合併をした旨並びに③新設合併により消滅する農事組合法人の名称及び主たる事務所を登記しなければなりません（組合等登記令25条、商業登記法79条）。

ウ　添付書類

　　新設合併による設立の登記の申請書には、次の書面を添付しなければならないとされています。

①　新設合併契約書

　　　新設合併契約書については、商業登記法81条1号とは異なり、組合等登記令上、明文で添付書面とはされていませんが、農業協同組合法においては、合併に際しては合併契約書の作成が必要であるとされており（農協法65条1項、65条の3第1項）、合併契約書には登記事項の多くが記載されることとされているから、同契約書は、代表権を有する者の資格を証する書面、別表に掲げる事項を証する書面等に該当するものとして、添付を要するものと解されています（民事月報71巻5号60頁）。

②　定款（組合等登記令21条、16条2項）

③　総会議事録

　　　新設合併契約書の承認及び設立委員の選任に関する総会議事録を添付します。

④　代表権を有する者の資格を証する書面（組合等登記令21条、16条2項）

　　　この書面には、設立委員が役員（理事）を選任したことを証する書面（議決書）及び役員（理事）の就任を承諾した書面が該当します。

⑤　組合等登記令2条2項6号別表に掲げる事項を証する書面（組合等登記令21条、16条3項）

⑥　債権者保護手続関係書面（組合等登記令21条、20条2項及び3項）

i　公告及び催告をしたこと並びに異議を述べた債権者があると
きは、当該債権者に対し弁済し、若しくは相当の担保を提供
し、若しくは当該債権者に弁済を受けさせることを目的として
相当の財産を信託したこと又は当該債権者を害するおそれがな
いことを証する書面（組合等登記令 20 条 2 項）

ii　公告を官報のほかに定款で定めた時事に関する事項を掲載す
る日刊新聞紙又は電子公告の方法による公告をしたときは、こ
れらの方法による公告をしたことを証する書面（組合等登記令
20 条 3 項）

⑦　消滅する農事組合法人の登記事項証明書（組合等登記令 21 条、
20 条 1 項）

　登記の申請書に会社法人等番号を記載した場合には、登記事項
証明書の添付を省略することができます（組合等登記令 25 条、商業
登記法 19 条の 3、各種法人等登記規則 5 条、商業登記規則 36 条の 3）。

⑧　代理人によって登記の申請をする場合には、代理人の権限を証
する書面（組合等登記令 25 条、商業登記法 18 条）

(3)　合併により消滅する法人についてする解散の登記

ア　登記期間

　農事組合法人が合併したときは、2 週間以内に、主たる事務所
の所在地において、合併により消滅する農事組合法人については
解散の登記をしなければなりません（組合等登記令 8 条 1 項）。

イ　申請手続

　合併により消滅する農事組合法人の主たる事務所の所在地にお
ける解散の登記の申請は、当該登記所の管轄区域内に存続農事組
合法人又は新設農事組合法人の主たる事務所がないときは、存続
農事組合法人又は新設農事組合法人の主たる事務所を経由してし
なければならないとされており、存続農事組合法人についての変
更の登記の申請又は新設農事組合法人についての合併による設立
の登記の申請とは、同時にしなければならないとされています
（組合等登記令 25 条、商業登記法 82 条 2 項、3 項）。

　合併による解散の登記の申請は、存続農事組合法人又は新設農
事組合法人を代表すべき者が当該消滅農事組合法人を代表して申請

133

することとされています（組合等登記令25条、商業登記法82条1項）。
　ウ　登記事項
　　　解散の登記において登記すべき事項は、解散の旨並びにその事由及び年月日です（組合等登記令25条、商業登記法71条1項）。
　エ　添付書面
　　　添付書面は不要であるとされています（組合等登記令25条、商業登記法82条4項）。

申請書書式
（存続農事組合法人の吸収合併による変更の登記）

<table>
<tr><td colspan="3" align="center">農事組合法人合併による変更登記申請書</td></tr>
<tr><td>1　会社法人等番号</td><td>○○○○−○○−○○○○○○</td><td>（注1）</td></tr>
<tr><td>　フリガナ</td><td>ダイチノカイ</td><td>（注2）</td></tr>
<tr><td>1　名　称</td><td>農事組合法人大地の会</td><td></td></tr>
<tr><td>1　主たる事務所</td><td>東京都府中市府中一丁目1番1号</td><td></td></tr>
<tr><td>1　登記の事由</td><td>令和○年○月○日吸収合併の手続終了</td><td></td></tr>
<tr><td>1　登記すべき事項</td><td>埼玉県熊谷市熊谷一丁目1番1号農事
組合法人青葉の会を合併
（出資の総口数　　　○口）
（払込済みの出資の総額　　　金○円）</td><td>（注3）
（注4）</td></tr>
<tr><td>1　添付書類</td><td>合併契約書
総会議事録
公告及び催告をしたことを証する書面
異議を述べた債権者に対し弁済し、
若しくは担保を供し、若しくは信
託をしたことを証する書面又は合
併をしてもその債権者を害するお
それがないことを証する書面
（出資の総口数及び払込済みの出資の</td><td>1通
○通
○通

○通</td></tr>
</table>

```
                総額を証する書面）              ○通
                登記事項証明書                 ○通
                委任状                        1通（注5）


    上記のとおり登記の申請をします。
        令和○年○月○日


                        東京都府中市府中一丁目1番1号
                        申請人　　農事組合法人大地の会


                        埼玉県熊谷市中央町一丁目2番2号
                        理　事　　　甲　山　一　郎　　㊞　　（注6）


                        埼玉県浦和区浦和一丁目1番1号
                        上記代理人　山　川　太　郎　　㊞　　（注7）
                        連絡先の電話番号


    東京法務局　府中支局　御中
```

（注1）会社法人等番号が分かる場合に記載します。
（注2）名称のフリガナは、法人の種類を示す（農事組合法人）部分を除いて、片仮名で、左に詰めて記載します。
（注3）登記すべき事項をCD-R（又はDVD-R）に記録し、登記所に提出することもできますし、CD-R等に代えてオンラインにより提出することもできます。
（注4）存続農事組合法人について、出資の総口数及び払込済みの出資の総額に変更が生じた場合に記載します。
（注5）代理人に登記申請を委任した場合に添付します。
（注6）理事の印鑑は、理事が登記所に提出した印鑑を押印します。
（注7）代理人が申請する場合に記載し、代理人の印鑑を押印します。この場合には、理事の押印は必要ありません。

（合併契約書）

合併契約書

　農事組合法人大地の会（以下「甲」という。）と農事組合法人青葉の会（以下「乙」という。）は、吸収合併することとし、次のとおり合併契約を締結する。

第1条　甲は乙を合併して存続し、乙は解散する。

　2　本契約に係る吸収合併存続農事組合法人及び吸収合併消滅農事組合法人の名称及び主たる事務所は、以下のとおりである。

　⑴　吸収合併存続農事組合法人

　　　名称　　　　　　農事組合法人大地の会

　　　主たる事務所　東京都府中市府中一丁目1番1号

　⑵　吸収合併消滅農事組合法人

　　　名称　　　　　　青葉の会

　　　主たる事務所　埼玉県熊谷市熊谷一丁目1番1号

第2条　合併期日は、令和〇年〇月〇日とする。ただし、期日までに合併に必要な手続を行うことが困難な場合においては、甲乙の協議によってこれを変更することができる。

第3条　甲は、乙の令和〇年〇月〇日現在の貸借対照表及び財産目録を基礎とし、以後合併期日までの間における収入支出を加除し、合併期日における乙の権利義務の一切を承継する。

第4条　甲は、この合併により出資の総口数を〇口増加するものとする。

第5条　甲は、前条の規定により増加した出資口数を合併期日現在における乙の組合員に対して、その持分1口に対して、〇口の割合により割り当てるものとする。

第6条　甲は、この合併により払込済みの出資の総額を〇円増加し、準備金〇円を増加するものとする。

第7条　甲と乙は、本契約の承認に関し、合併期日の前日までにそれぞれ総会の承認を得るものとする。

第8条　甲乙間の契約は、甲及び乙の総会の承認を得られないときは、その効力を失うものとする。

第9条　本契約に規定する事項以外に、合併に関して必要な事項があるときは、甲乙においてこれを協議の上、これを定める。

　　以上を証するため、本契約書2通を作成し、各当事農事組合法人が記名押印の上、甲及び乙各1通を保有する。

　　　令和〇年〇月〇日

　　　　　　　　　　　　　　東京都府中市府中一丁目1番1号

　　　　　　　　　　　　　　（甲）農事組合法人大地の会

　　　　　　　　　　　　　　　　　理事　　甲山一郎　　㊞

　　　　　　　　　　　　　　埼玉県熊谷市熊谷一丁目1番1号

　　　　　　　　　　　　　　（乙）農事組合法人青葉の会

　　　　　　　　　　　　　　　　　理事　　春山茂雄　　㊞

（存続農事組合法人の総会議事録）

総会議事録

1	招集年月日	令和○年○月○日
1	開催場所	当組合事務所
		（東京都府中市府中一丁目1番1号）
1	開催日時	令和○年○月○日午前10時30分
1	総組合員数	○名
1	出席組合員数	○名
1	出席した理事及び監事	甲山一郎（議長兼議事録作成者）
		○○○○
		○○○○
		○○○○

1　議長選任の経過

　定刻に至り司会者○○○○開会を宣言し、本日の総会は定款所定数を満たしたので有効に成立した旨を告げ、議長の選任方法を諮ったところ、満場一致をもって甲山一郎が議長に選任された。続いて議長から挨拶の後議案の審議に入った。

1　議事の経過の要領及び議決の結果

　議案　吸収合併契約書承認の件

　議長は、当法人と農事組合法人青葉の会との合併につき、令和○年○月○日付けをもって両法人間において締結した合併契約書の承認を求めたところ、満場一致をもってこれを承認可決した。

　以上をもって議案の全部の審議を終了したので、議長は閉会を宣言し、午前11時30分散会した。

　上記の議決を明確にするため、この議事録を作成する。

　　令和○年○月○日

　　　　　　　　　　農事組合法人大地の会　総会において
　　　　　　　　　　　議事録作成者　理事　甲山一郎

（合併公告）

```
            合 併 公 告

　農事組合法人大地の会（甲）と農事組合法人青葉の会（乙）は合併して
甲は乙の権利義務全部を承継して存続し、乙は解散することにしました。
　この合併に対し異議のある債権者は、本公告掲載の翌日から1か月以内
にお申し出ください。
　なお、財産目録又は計算書類は、当農事組合法人の主たる事務所に備え
置いてあります。


　　　令和○年○月○日


                        東京都府中市府中一丁目1番1号
                        （甲）農事組合法人大地の会
                              理事　甲山一郎
                        埼玉県熊谷市熊谷一丁目1番1号
                        （乙）農事組合法人青葉の会
                              理事　春山茂雄
```

（催告書―存続農事組合法人の債権者に対する催告書）

```
            催 告 書

謹啓貴殿益々御清祥のことと存じます。
　さて、当農事組合法人は、合併により農事組合法人青葉の会（主たる事
務所埼玉県熊谷市熊谷一丁目1番1号）の権利義務の全部を承継して存続
し、農事組合法人青葉の会は解散することにいたしました。
　この合併に対し御異議がございましたら、令和○年○月○日までにその
旨をお申し出ください。
　なお、財産目録又は計算書類は、当農事組合法人の主たる事務所に備え
置いてあります。


　　　令和○年○月○日


                        東京都府中市府中一丁目1番1号
```

農事組合法人大地の会
　　　理事　　甲山一郎　　㊞

（合併異議申述書）

合併異議申述書

　令和○年○月○日付けで貴法人の合併に関する異議申述に関する催告を受けましたが、私としては、貴法人に対して有する債権の弁済後でなければ上記合併を承諾しかねますので、本書面をもってその旨を通告します。

　　　令和○年○月○日

　　　　　　　　　　　　　　　埼玉県○市○町○丁目○番○号
　　　　　　　　　　　　　　　　　○○○○　　　㊞

　　　農事組合法人大地の会
　　　　　理事　甲山一郎　殿

（領収書）

領　収　書

　金○○円　　　ただし、○○の売掛代金

　上記は、貴法人が合併をするにつき令和○年○月○日異議を述べたところ、今般その弁済を受け、正に領収いたしました。

　　　令和○年○月○日

　　　　　　　　　　　　　　　埼玉県○市○町○丁目○番○号
　　　　　　　　　　　　　　　　　○○○○　　　㊞

　　　農事組合法人大地の会
　　　　　理事　甲山一郎　殿

（委任状）

委 任 状

埼玉県さいたま市浦和区浦和一丁目１番１号

山 川 太 郎

私は、上記の者を代理人に定め、下記の権限を委任する。

1　当農事組合法人は、令和○年○月○日農事組合法人青葉の会を合併したので、その変更の登記を申請する一切の件

1　原本還付請求及び受領の件

　　令和○年○月○日

東京都府中市府中一丁目１番１号
農事組合法人大地の会
　　理事　甲山一郎　　㊞

申請書書式
（新設農事組合法人の新設合併による設立登記）

農事組合法人合併による設立登記申請書

　　フリガナ　　　　　サイノサト　　　　　　　　　　　（注1）
1　名　称　　　　　農事組合法人彩の里

1　主たる事務所　　　埼玉県熊谷市中央町一丁目１番１号

1　登記の事由　　　　令和○年○月○日新設合併の手続終了

1　登記すべき事項　　別紙のとおりの内容をオンラインにより提出済み
　　　　　　　　　　　　　　　　　　　　　　　　　　　（注2）

1　添付書類　　　　合併契約書　　　　　　　　１通

定款	1通	
総会議事録	○通	（注3）
代表権を有する者の資格を証する書面	○通	（注4）
公告及び催告をしたことを証する書面	○通	
異議のある債権者に対し、弁済し、若しくは担保を供し、若しくは信託をしたこと又は合併をしてもその債権者を害するおそれがないことを証する書面	○通	
（出資の総口数及び払込済みの出資の総額を証する書面）	○通	
登記事項証明書	○通	（注5）
委任状	1通	（注6）

　上記のとおり登記の申請をします。

　　令和○年○月○日

　　　　　　　　埼玉県熊谷市中央町一丁目1番1号
　　　　　　　　申請人　　　農事組合法人彩の里

　　　　　　　　埼玉県熊谷市中央町一丁目2番2号
　　　　　　　　理　事　　　甲　山　一　郎　　㊞　　（注7）

　　　　　　　　埼玉県さいたま市浦和区浦和一丁目1番1号
　　　　　　　　上記代理人　山　川　太　郎　　㊞　　（注8）

　　　　　　　　連絡先の電話番号

　　さいたま地方法務局　御中

（注1） 名称のフリガナは、法人の種類を示す（農事組合法人）部分を除いて、片仮名で、左に詰めて記載します。

（注2） 登記すべき事項をCD-R（又はDVD-R）に記録し、登記所に提出することもできますし、CD-R等に代えてオンラインにより提出することもできます。

（注3） 新設合併契約書の承認及び設立委員の選任に関する総会議事録を添付します。

（注4）代表権を有する者の資格を証する書面には、設立委員が理事を選任した
　　　ことを証する書面及び理事の就任を承諾した書面を添付します。

（注5）消滅する農事組合法人の登記事項証明書を添付します。

（注6）代理人によって登記の申請をする場合には、代理人の権限を証する書面
　　　を添付します。

（注7）新設農事組合法人の代表者たる理事が申請人となります。理事の印鑑は、
　　　理事が登記所に提出した印鑑を押印します。

（注8）代理人が申請する場合に記載し、代理人の印鑑を押印します。この場合
　　　には、理事の押印は必要ありません。

（登記すべき事項をオンラインにより提供する場合の別紙の例）

「名称」農事組合法人彩の里
「主たる事務所」埼玉県熊谷市中央町一丁目1番1号
「目的等」
事業
1　○○
2　○○
3　○○
「役員に関する事項」
「資格」理事
「住所」埼玉県熊谷市中央町一丁目2番2号
「氏名」甲山一郎
「役員に関する事項」
「資格」理事
「住所」埼玉県熊谷市○町○丁目○番○号
「氏名」○○○○
「役員に関する事項」
「資格」理事
「住所」埼玉県熊谷市○町○丁目○番○号
「公告の方法」この組合の掲示場に掲示してする。
「出資1口の金額」金○○円
「出資の総口数」○○口
「出資払込の方法」全額一時払込みとする。
「地区」埼玉県熊谷市の区域
「登記記録に関する事項」東京都府中市府中一丁目1番1号農事組合法人
大地の会と埼玉県熊谷市熊谷一丁目1番1号農事組合法人青葉の会の合併
により設立

（新設合併契約書）

新設合併契約書

　農事組合法人大地の会（以下「甲」という。）と農事組合法人青葉の会（以下「乙」という。）とが合併し、農事組合法人彩の里（以下「丙」という。）を設立するにつき、甲乙両農事組合法人間で次のとおり合併契約を締結する。

1　甲と乙は合併して丙を設立し、甲及び乙は解散するものとする。

2　新設農事組合法人の名称、地区及び主たる事務所の所在地は、次のとおりとする。

⑴　名称　農事組合法人彩の里

⑵　地区　埼玉県熊谷市の区域

⑶　主たる事務所　埼玉県熊谷市中央町一丁目1番1号

3　出資1口の金額は、金○円とする。

4　新農事組合法人は、出資総口数を○口とするものとし、これを本合併期日現在の甲の各組合員に対して、その所有する甲の持分に代えて、当該持分○口につき甲の持分○口の割合をもって割り当てるものとし、また、合併期日現在の乙の各組合員に対して、その所有する乙の持分に代えて、当該持分○口につき乙の持分○口の割合をもって割り当てるものとする。

5　（新設農事組合法人の資本準備金及び利益準備金に関する事項）

　　合併差益を全て資本準備金として積み立てるか、合併差益のうち利益準備金の額に相当する金額を利益準備金に繰り入れるかを定めなければならないとされています（「逐条解説」427頁）。

6　合併を行う農事組合法人が合併の日までに剰余金の配当をするときは、その限度額

7　合併期日は令和○年○月○日とする。ただし、同日までに合併に必要な手続を行うことが困難な場合においては、甲乙においてさらに協定するものとする。

8　甲及び乙は、本合併契約の承認並びに設立委員の選任等合併に関して必要な議決を経るため、令和○年○月○日をもって総会を開催するものとする。

　本契約の締結を証するため本書2通を作成し、甲乙各1通を保有する。

　　　令和○年○月○日

東京都府中市府中一丁目1番1号

（甲）農事組合法人大地の会

理　事　　甲山一郎　㊞

埼玉県熊谷市熊谷一丁目1番1号

（乙）農事組合法人青葉の会

理　事　　春山茂雄　㊞

（総会議事録）

総会議事録

1	招集年月日	令和〇年〇月〇日
1	開催場所	当法人事務所
		（東京都府中市府中一丁目1番1号）
1	開催日時	令和〇年〇月〇日午前10時30分
1	総組合員数	〇名
1	出席組合員数	〇名
1	出席した理事及び監事	甲山一郎（議長兼議事録作成者）
		〇〇〇〇
		〇〇〇〇
		〇〇〇〇

1　議長選任の経過

　　定刻に至り司会者〇〇〇〇開会を宣言し、本日の総会は定款所定数を満たしたので有効に成立した旨を告げ、議長の選任方法を諮ったところ、満場一致をもって甲山一郎が議長に選任された。続いて議長から挨拶の後議案の審議に入った。

1　議事の経過の要領及び議案別決議の結果

第1号議案　合併契約書承認の件

　　議長は、当農事組合法人と農事組合法人青葉の会との合併につき、令和〇年〇月〇日付けをもって両法人間において締結した別紙合併契約書の承認を求めたところ、満場一致をもってこれを承認可決した。

第2号議案　設立委員選任の件

　議長から、設立委員として〇〇〇〇、〇〇〇〇を選任したい旨を議場に諮ったところ満場一致をもって選任され、被選任者は、いずれもその就任を承諾した。

　以上をもって議案の全部の審議を終了したので、議長は閉会を宣言し、午前11時30分散会した。
　上記の議決を明確にするため、この議事録を作成する。
　　令和〇年〇月〇日

　　　　　　　　　　　　　　　農事組合法人大地の会総会において
　　　　　　　　　　　　　　　議事録作成者　理事　甲山一郎　㊞

（設立時役員の選任に関する書面）

役員選任議決書

　令和〇年〇月〇日、農事組合法人彩の里設立事務所において、設立委員全員が出席し、その全員の一致の議決により、次の者を設立時の役員として選任した。
　なお、被選任者は、即時その就任を承諾した。
　　理事　　甲山一郎
　　同　　　〇〇〇〇
　　同　　　〇〇〇〇
　　監事　　〇〇〇〇

　上記の議決を明確にするため、設立委員全員次のとおり記名押印する。

　　　令和〇年〇月〇日

　　　　　　　　　　　　　　　農事組合法人彩の里設立委員会
　　　　　　　　　　　　　　　設立委員　〇〇〇〇　㊞
　　　　　　　　　　　　　　　同　　　　〇〇〇〇　㊞
　　　　　　　　　　　　　　　同　　　　〇〇〇〇　㊞
　　　　　　　　　　　　　　　同　　　　〇〇〇〇　㊞

第8章　移行の登記

農事組合法人の移行の登記について教えてください。

1　概説

　移行とは、非出資農事組合法人が出資農事組合法人へ、また、出資農事組合法人が非出資農事組合法人へ移行することをいいます。

　この移行については、平成27年の改正前の農協法では、出資農事組合法人と非出資農事組合法人との間の相互移行に関する規定は置かれていませんでしたが、解釈上、これが認められていました（昭和25・5・4民事甲1199号民事局長通達、昭和27・7・28民事甲1094号民事局長回答）。改正法では、農協法54条の4及び54条の5の規定が新設され、出資農事組合法人と非出資農事組合法人の相互移行が明文化されました（農協法73条2項、54条の4、54条の5。平成28・3・8民商31号民事局商事課長通知）。

2　移行の手続

(1)　非出資農事組合法人から出資農事組合法人への移行

　非出資農事組合法人は、定款を変更して、出資農事組合法人に移行することができるとされています（農協法73条2項、54条の4第1項）。

　具体的には、非出資農事組合法人の定款に記載されていない事項である次の事項を新たに定款に記載する必要があります（農協法72条の16）。

① 出資1口の金額及びその払込みの方法並びに一組合員の有することのできる出資口数の最高限度

② 剰余金の処分及び損失の処理に関する規定

③ 利益準備金の額及びその積立ての方法

　この定款変更に係る総会の決議は、特別決議による必要があります（農協法72条の29第1項1号、72条の30第1号）。定款の変更をしたときは、変更の日から2週間以内に、変更に係る事項を行政庁に届け出なければなりません（農協法72条の29第2項）。行政庁の認可は必要

とはされていません。

　農事組合法人において定款の変更をしたときは、遅滞なく、出資第
1回の払込みをさせなければならないとされています（農協法73条2
項、54条の4第2項）。

(2)　**出資農事組合法人から非出資農事組合法人への移行**

　出資農事組合法人は、定款を変更して、非出資農事組合法人に移行
することができるとされています（農協法73条2項、54条の5第1項）。

　具体的には、出資農事組合法人の定款に記載されていた事項である
上記(1)の①～③の事項を定款から削除することが必要です。この定款
変更に係る総会の決議も、特別決議による必要があります（農協法72
条の29第1項1号、72条の30第1項）。

　また、出資農事組合法人から非出資農事組合法人への移行について
は、債権者保護手続を行わなければならないとされています（農協法
73条2項、54条の5第3項、49条、50条）。

　農事組合法人の組合員は、非出資農事組合法人への移行につき、定
款の変更をしたときは、変更後の定款の定めるところにより、当該組
合員の持分の全部又は一部の払戻しを請求することができるとされて
います（農協法73条2項、54条の5第2項）。

3　**移行の効力**

　非出資農事組合法人から出資農事組合法人への移行及び出資農事組
合法人から非出資農事組合法人への移行は、主たる事務所の所在地に
おいて、登記をすることによってその効力を生じます（農協法73条2
項、54条の4第3項、54条の5第3項）。

4　**移行の登記**

(1)　**非出資農事組合法人から出資農事組合法人への移行の登記**

　非出資農事組合法人から出資農事組合法人へ移行する農事組合法人
は、出資第1回の払込みがあった日から2週間以内に、その主たる事
務所において、移行の登記をしなければならないとされています（組
合等登記令9条）。

　非出資農事組合から出資農事組合法人への移行の登記の申請書の添
付書面は、次のとおりです。

①　定款変更に係る総会議事録（組合等登記令22条）

② 　出資第 1 回の払込みを証する書面（組合等登記令 22 条）

③ 　代理人によって登記の申請をする場合には、代理人の権限を証する書面（組合等登記令 25 条、商業登記法 18 条）

(2)　出資農事組合法人から非出資農事組合法人への移行の登記

　　出資農事組合法人から非出資農事組合法人へ移行する農事組合法人は、移行のために必要な手続が終了した日から 2 週間以内に、その主たる事務所の所在地において、移行の登記をしなければならないとされています（組合等登記令 9 条）。

　　出資農事組合法人から非出資農事組合法人への移行の登記の申請書の添付書面は、次のとおりです。

① 　定款変更に係る総会議事録（組合等登記令 22 条）

② 　債権者保護手続関係書面（組合等登記令 22 条）

　　公告及び催告をしたこと（農協法 73 条 2 項、54 条の 5 第 3 項）を証する書面、異議を述べた債権者に対して弁済し、若しくは担保を供し、若しくは財産を信託したこと又は当該債権者を害するおそれがないこと（農協法 73 条 2 項、54 条の 5 第 3 項）を証する書面が債権者保護手続関係書面に該当します。

③ 　代理人によって登記の申請を得る場合には、代理人の権限を証する書面（組合等登記令 25 条、商業登記法 18 条）

（登記記録例─平成 28・3・8 民商 31 号民事局商事課長通知）

(1)　移行の登記─出資農事組合法人へ移行する場合の記載例

出資 1 口の金額	金何円　　出資農事組合法人へ移行　　令和○年○月○日登記		
出資の総口数	何口　　　出資農事組合法人へ移行　　令和○年○月○日登記		
払込済出資総額	金何円　　出資農事組合法人へ移行　　令和○年○月○日登記		
出資払込の方法	出資は全額を一時に払い込むものとする。 　　　　　　出資農事組合法人へ移行　　　令和○年○月○日登記		

(2) 移行の登記—非出資農事組合法人に移行する場合の記載例

出資1口の金額	金何円
	非出資農事組合法人へ移行により抹消　令和○年○月○日登記
出資の総口数	何口
	非出資農事組合法人へ移行により抹消　令和○年○月○日登記
払込済出資総額	金何円
	非出資農事組合法人へ移行により抹消　令和○年○月○日登記
出資払込の方法	出資は全額を一時に払い込むものとする。
	非出資農事組合法人へ移行により抹消　令和○年○月○日登記

——第9章——
組織変更の登記

第1　出資農事組合法人の株式会社への組織変更

出資農事組合法人から株式会社への組織変更の手続について教えてください。

1　概説

　平成27年の改正前農協法においては、出資農事組合法人から株式会社へ組織変更をすることができる旨の規定が置かれていました（改正前農協法73条の2）が、改正法においては、組織変更の対象が拡大され、以下のとおり、それぞれ組織変更をすることができるとされました。

① 　出資農事組合法人から株式会社への組織変更（農協法73条の2）

② 　非出資農事組合法人から一般社団法人への組織変更（農協法77条）

　出資農事組合法人から株式会社への組織変更の手続の流れは、以下のとおりです。

① 　組織変更計画の作成（農協法73条の3第1項）

　　出資農事組合法人が株式会社への組織変更をするには、組織変更計画を作成しなければならないとされています。組織変更計画には、組織変更後の株式会社の目的、商号及び本店の所在地等、農協法73条の3第4項に掲げる事項を定めなければならないとされています。

↓

② 　組織変更計画の承認（農協法73条の3第1項、2項）

　　組織変更計画については、総組合員の3分の2以上の多数による総会の特別決議により、その承認を受けなければならないとされています（農協法73条の3第1項、2項）。組織変更計画の決議の総会の場合には、会議の目的である事項及び組織変更計画の要領を示して、総会の2週間前までに行わなければならないとされています（農協法73条の3第3項、43条の6第1項、3項、72条の28第1項）。

↓

③ 債権者保護手続（農協法73条の3第6項、48条の2、49条、50条1項、2項）

↓

④ 組織変更に反対する組合員の持分払戻請求（農協法73条の4）

　　出資農事組合法人の組合員で、組織変更に反対する組合員は、持分の払戻請求権を有し（農協法73条の4第1項）、定款の定めにかかわらず、その持分の全部の払戻しを請求することができるとされています。

↓

⑤ 組合員への株式の割当て（農協法73条の5）

　　組織変更をする出資農事組合法人の組合員は、組織変更計画の定めるところにより組織変更後株式会社の株式又は金銭の割当てを受けるものとされています（農協法73条の5第1項）。組合員への株式又は金銭の割当ては、出資農事組合法人の組合員の出資口数に応じてしなければならないとされています。(同条2項)

↓

⑥ 質権の所在及び知れている質権者への各別の通知（農協法73条の7）

↓

⑦ 組織変更の効力発生（農協法73条の8）

　　組織変更をする農事組合法人は、組織変更計画に記載された効力発生日において、株式会社となり（農協法73条の8第1項）、同日に、農協法73条の3第4項1号及び2号に掲げる事項の定めに従い、定款の変更をしたものとみなされ（農協法73条の8第2項）、出資農事組合法人の組合員は、効力発生日に、農協法73条の3第4項6号に掲げる事項についての定めに従い、株式会社の株主となるものとされています（農協法73条の8第3項）。

↓

⑧ 組織変更の登記（組合等登記令26条4項）

　　出資農事組合法人が組織変更をしたときは、農協法73条の3第4項10号に規定する組織変更の効力発生日から、その主たる事務所又は本店の所在地においては2週間以内に、その従たる事務所又は支店の所在地においては3週間以内に、組織変更前の農事組合法人については解散の登記をし、組織変更後の株式会社については、設立の登記をしなければならないとされています（組合等登記令26条4項）。

⑨ 行政庁への届出（農協法73条の10）

　　出資農事組合法人は、組織変更をしたときは、遅滞なく、その旨を行政庁に届け出なければならないとされています。

2　組織変更計画の作成

　出資農事組合法人が株式会社へ組織変更をするには、組織変更計画を作成しなければならないとされています（農協法73条の３第１項）。

　組織変更計画には、以下の事項を定めなければならないとされています（同条４項各号）。

① 　組織変更後の株式会社（以下「組織変更後株式会社」という。）の目的、商号、本店の所在地及び発行可能株式総数

② 　①に掲げるもののほか、組織変更後株式会社の定款で定める事項

③ 　組織変更後株式会社の取締役の氏名

④ 　次のｉからⅲまでに掲げる場合の区分に応じ、当該ｉからⅲまでに定める事項

　　ｉ 　組織変更後株式会社が会計参与設置会社である場合

　　　　組織変更後株式会社の会計参与の氏名又は名称

　　ⅱ 　組織変更後株式会社が監査役設置会社（監査役の監査の範囲を会計に関するものに限定する旨の定款の定めがある株式会社を含む。）である場合

　　　　組織変更後株式会社の監査役の氏名

　　ⅲ 　組織変更後株式会社が会計監査人設置会社である場合

　　　　組織変更後株式会社の会計監査人の氏名又は名称

⑤ 　組織変更をする出資農事組合法人の組合員が組織変更に際して取得する組織変更後株式会社の株式の数（種類株式発行会社にあっては、株式の種類及び種類ごとの数）又はその数の算定方法

⑥ 　組織変更をする出資農事組合法人の組合員に対する⑤の株式の割当てに関する事項

⑦ 　組織変更後株式会社が組織変更に際して組織変更をする出資農事組合法人の組合員に対してその持分に代わる金銭を支払うときは、その額又はその算定方法

⑧ 　組織変更をする出資農事組合法人の組合員に対する⑦の金銭の割当てに関する事項

⑨ 　組織変更後株式会社の資本金及び準備金び関する事項

⑩ 　組織変更がその効力を生ずる日（以下「効力発生日」という。）

⑪ 　その他農林水産省令で定める事項

その他農林水産省令で定める事項とは、株式の譲渡の制限に関する方法であるとされています（施行規則219条）。

3　組織変更計画の承認

出資農事組合法人は、組織変更をするには、組織変更計画を作成して、総会の特別決議により、その承認を受けなければならないとされています（農協法73条の3第1項、2項）。

組織変更に係る総会の招集通知は、その会議の目的である事項及び組織変更計画の要領を添えて、総会の2週間前までに定款で定めた方法に従って行わなければならないとされています（農協法73条の3第3項、43条の6第1項、3項、72条の28第1項）。

4　債権者保護手続

出資農事組合法人が、組織変更をする場合には、①組織変更をする旨、②計算書類又は貸借対照表、損益計算書及び剰余金処分案若しくは損失処理案を主たる事務所に備え置いている旨、③債権者が1か月を下らない一定の期間内に異議を述べることができる旨を官報に公告し、④かつ、預金者、定期積金の積金者その他政令で定める債権者以外の知れている債権者には各別に催告しなければならないとされています（農協法73条の3第6項、49条2項）。ただし、出資農事組合法人が、上記の公告を官報のほか、定款の定めに従い、時事に関する事項を掲載する日刊新聞紙に掲載する方法又は電子公告によって行う場合には、知れている債権者に対する各別の催告は、することを要しないとされています（農協法73条の3第6項、49条3項）。

債権者が、上記の一定の期間内に異議を述べなかったときは、組織変更を承認したものとみなされますが、債権者が異議を述べたときは、農事組合法人は、弁済し、若しくは相当の担保を供し、又はその債権者に弁済を受けさせることを目的として、信託会社若しくは信託業務を営む金融機関に相当の財産を信託しなければならないとされています。ただし、組織変更をしてもその債権者を害するおそれがないときは、この限りでないとされています（農協法73条の3第6項、50条1項、2項）。

5　組織変更に反対する組合員の持分払戻請求

組織変更を行う場合には、組織変更計画を作成し、総会の決議によりその承認を受けることが必要とされていますが、組織変更をする出資農

事組合法人の組合員で、総会に先立って当該出資農事組合法人に対し書面をもって組織変更に反対の意思を通知したものは、組織変更の決議の日から20日以内に書面をもって持分の払戻しを請求することにより、組織変更の日に当該出資農事組合法人を脱退することができます（農協法73条の4第1項）。この通知及び請求は、出資農事組合法人の承諾を得て、電磁的方法により行うことができます（同条2項）。

　なお、脱退する出資農事組合法人の組合員は、定款の定めにかかわらず、その持分の全部の払戻しを請求することができるとされています（同条4項）。

6　組合員への株式の割当て

　組織変更を行う農事組合法人の組合員は、組織変更計画で定めるところにより、株式又は金銭の割当てを受けることができます（農協法73条の5第1項）。ただし、持分払戻請求権を行使した者（農協法73条の5第1項）及び政令で定める者（施行令42条）には割り当てられません。当該割当ては組合員の出資口数に応じてしなければならないとされています（同条2項）。

　なお、組合員に株式を割り当てる際に端数が生じた場合には、端数の合計数に相当する数の株式を競売した上で、代金を端数の権利者に分配することになります（農協法73条の5第3項、会社法234条1項）。

7　質権の所在及び知れている債権者への各別の通知（農協法73条の7）

　出資農事組合法人の持分を目的とする質権は、組織変更後に組合員が割当てを受ける組織変更後株式会社の株式又は金銭の上に存在するものとされ（農協法73条の7第1項）、組織変更をする農事組合法人は、組織変更の決議を行ったときは、当該決議の日から2週間以内に、その旨を出資農事組合法人の持分を目的とする質権を有する者で知れているものに各別に通知しなければならないとされています（同条2項）。

8　組織変更の効力発生

　組織変更をする農事組合法人は、組織変更計画に記載された組織変更効力発生日に、株式会社となり（農協法73条の8第1項）、同日に、同法73条の3第4項1号及び2号に掲げる事項の定めに従い、定款の変更をしたものとみなされます（農協法73条の8第2項）。また、出資農事組合法人の組合員は、効力発生日に、農協法73条の3第4項6号に

掲げる事項についての定めに従い、組織変更後株式会社の株主となります（農協法73条の8第3項）。

　なお、組織変更をする農事組合法人は、組織変更効力発生日を変更することができますが、その場合には、変更前の効力発生日の前日までに、変更後の効力発生日を公告しなければならないとされています（農協法73条の8第5項、会社法780条）。

9　組織変更の登記

　組織変更をしたときは、組合等登記令で定めるところにより登記をしなければならず、登記を必要とする事項は、登記の後でなければ、これをもって第三者に対抗することができないとされています（農協法73条の9）。

10　行政庁への届出

　出資農事組合法人は、組織変更をしたときは、遅滞なく、その旨を行政庁へ届け出なければならないとされています（農協法73条の10）。

11　組織変更に関する書類の備置き及び閲覧等

　組織変更後株式会社は、債権者保護手続の経過、組織変更効力発生日その他の組織変更に関する事項を記載し、又は記録した書面又は電磁的記録を、組織変更効力発生日から6か月間、本店に備え置かなければならないとされています（農協法74条1項）。

　組織変更後株式会社の株主及び債権者は、上記書面の閲覧、謄本等の請求ができるとされています（同法2項）。

出資農事組合法人から株式会社への組織変更の登記の手続について教えてください。

　出資農事組合法人が組織変更をしたときは、農協法73条の3第4項10号に規定する組織変更の効力発生日から、その主たる事務所又は本店の所在地においては2週間以内に組織変更前の出資農事組合法人については解散の登記をし、組織変更後の株式会社については設立の登記をしなければならないとされています（組合等登記令26条4項）。

　出資農事組合法人が組織変更をした場合の出資農事組合法人の解散の登

記の申請と、組織変更後の株式会社についての設立の登記の申請とは、同時にしなければならないとされ、申請書の添付書面に関する規定は、組織変更前の出資農事組合法人についての解散の登記の申請については、適用しないとされています。また、登記官は、組織変更による解散の登記の申請及び組織変更による設立の登記の申請のいずれかにつき商業登記法24条各号のいずれかに掲げる事由があるときは、これらの申請を共に却下しなければならないとされています（組合等登記令26条5項、商業登記法78条）。

(1)　組織変更後株式会社の設立登記

　ア　登記事項

　　　組織変更後株式会社の設立の登記の登記すべき事項は、通常の設立の登記と同一の事項のほか、組織変更前の農事組合法人の成立の年月日、名称並びに組織変更をした旨及びその年月日をも登記しなければならないとされています（組合等登記令26条5項、商業登記法76条）。

　イ　添付書類

　　　組織変更後株式会社についてする設立の登記の申請書には、商業登記法18条及び46条に規定する書面のほか、次の書面を添付しなければならないとされています（組合等登記令26条6項）。

　①　組織変更計画書

　②　定款

　③　出資農事組合法人の総会の議事録

　④　組織変更後株式会社の取締役（組織変更後株式会社が監査役設置会社（監査役の監査の範囲を会計に関するものに限定する旨の定款の定めがある株式会社を含む。）である場合にあっては取締役及び監査役、組織変更後株式会社が監査等委員会設置会社である場合にあっては監査等委員である取締役及びそれ以外の取締役）が就任を承諾したことを証する書面

　⑤　組織変更後株式会社の会計参与又は会計監査人を定めたときは、商業登記法54条2項各号に掲げる書面

　⑥　株主名簿管理人を置いたときは、その者との契約を証する書面

　⑦　債権者保護手続関係書面（組合等登記令26条10項、20条2項、3項）

　　　i　公告及び催告をしたことを証する書面

　　　ii　異議を述べた債権者があるときは、その者に対し弁済し、若し

くは担保を提供し、若しくは相当の財産を信託したこと又は組織
変更をしてもその者を害するおそれがないことを証する書面

⑧　委任状

代理人に登記申請を委任した場合に添付します。

ウ　組織変更後の株式会社の代表取締役の選定方法

組織変更後の株式会社の代表取締役は、組織変更計画において、
定款に定める事項として代表取締役の氏名を記載し、当該組織変更
計画書について総会の承認を得ることが可能であると解されていま
すし、組織変更の効力発生後、設立の登記の前に、会社法の規定
（会社法349条3項）に従い、①株主総会の決議によって選定する方
法、②定款の定めに基づく取締役の互選によって選定する方法、ま
た、③組織変更後株式会社が取締役会設置会社である場合には、取
締役会の決議で選定することも可能であると解されています（「民
事月報71巻5号」94頁）。

この場合には、代表取締役の選定方法に応じ、互選書等の選定を
証する書面を添付することになりますが、代表取締役が取締役会の
決議又は取締役の互選により選定された場合には、代表取締役の就
任承諾書の添付が必要であると解されています（前掲書）。

エ　登録免許税

農事組合法人が、組織変更をして株式会社になる場合における組
織変更による株式会社の設立の登記に係る登録免許税の額は、資本
金の額に税率を1,000分の7として計算した金額（当該金額が15万
円に満たないときは、15万円）とされています（登録免許税法17条の
2、別表一24（一）ホ、登録免許税法施行令10条2号）。

(2)　**組織変更前の出資農事組合法人についてする解散の登記**

組織変更による出資農事組合法人の解散の登記の申請は、組織変更
後の株式会社を代表すべき者の申請によってすることを要します。

ア　登記事項

登記すべき事項は、解散の旨並びにその事由及び年月日です（組
合等登記令25条、商業登記法71条1項）。

イ　添付書面

添付書面は要しません（組合等登記令26条5項、商業登記法78条2項）。

ウ　登録免許税

　　組織変更による農事組合法人の解散の登記については、登録免許税は課せられません。

申請書書式
（出資農事組合法人の組織変更による株式会社の設立の登記）

農事組合法人の組織変更による株式会社設立登記申請書

	フリガナ	サイノサト	（注1）
1	商　　号	株式会社彩の里	

| 1 | 本　　店 | 東京都府中市府中一丁目1番1号 |

| 1 | 登記の事由 | 組織変更による設立 |

| 1 | 登記すべき事項 | 別紙のとおりの内容をオンラインにより提出済み（注2） |

| 1 | 課税標準金額 | 金〇円 | （注3） |

| 1 | 登録免許税 | 金〇円 | （注4） |

1	添付書類	組織変更計画書	1通
		定款	1通
		総会議事録	1通
		取締役会議事録	1通
		就任承諾書	〇通
		本人確認証明書	〇通
		（株主名簿管理人との契約書）	〇通
		（会計参与又は会計監査人の就任を承諾したことを証する書面）	〇通
		（会計参与又は会計監査人の資格を証する書面）	〇通
		公告及び催告をしたことを証する書面	〇通

　　　　　　　　　異議を述べた債権者に対し弁済若し
　　　　　　　　　くは担保を供し若しくは信託したこ
　　　　　　　　　と又は組織変更をしてもその者を害
　　　　　　　　　するおそれがないことを証する書面　○通
　　　　　　　　　委任状　　　　　　　　　　　　１通（注5）

　　　上記のとおり登記の申請をします。

　　　　令和○年○月○日

　　　　　　　　　　　　東京都府中市府中一丁目１番１号
　　　　　　　　　　　　申請人　　　株式会社彩の里

　　　　　　　　　　　　埼玉県熊谷市中央町一丁目２番２号
　　　　　　　　　　　　代表取締役　　　甲山一郎　　㊞　　（注6）

　　　　　　　　　　　　埼玉県さいたま市浦和区浦和一丁目１番１号
　　　　　　　　　　　　上記代理人　　　山川太郎　　㊞　　（注7）
　　　　　　　　　　　　連絡先の電話番号

　　東京法務局　府中支局　御中

（注1）商号のフリガナは、会社の種類を表す（株式会社）部分を除いて、片仮名で、左に詰めて記載します。

（注2）登記すべき事項をCD-R（又はDVD-R）に記録し、登記所に提出することもできますし、CD-R等に代えてオンラインにより提出することもできます。

（注3）資本金の額と同額を記載します。

（注4）登録免許税の額は、資本金の額に税率を1,000分の7として計算した金額（当該金額が15万円に満たないときは15万円）です。

（注5）代理人に登記申請を委任した場合に添付します。

（注6）代表取締役の印鑑は、代表取締役が登記所に提出した印鑑を押印します。

（注7）代理人が申請する場合に記載し、代理人の印鑑を押印します。この場合には、代表取締役の押印は必要ありません。

（登記すべき事項をオンラインにより提供する場合の別紙の例）

「商号」株式会社彩の里
「本店」東京都府中市府中一丁目１番１号
「公告をする方法」官報に掲載してする。
「会社成立の年月日」令和○年○月○日
「目的」
　　１　農畜産物の生産・加工・販売
　　２　農業生産に必要な資材の製造販売
　　３　農作業の受託
　　４　○○○○
　　５　前各号に附帯関連する事業
「発行可能株式総数」○株
「発行済株式の総数」○株
「資本金の額」金○円
「株式の譲渡制限に関する規定」
当会社の株式を譲渡により取得するには、取締役会の承認を受けなければ
ならない。
「役員に関する事項」
「資格」取締役
「氏名」甲山一郎
「役員に関する事項」
「資格」取締役
「氏名」○○○○
「役員に関する事項」
「資格」取締役
「氏名」○○○○
「役員に関する事項」
「資格」代表取締役
「住所」埼玉県熊谷市中央町一丁目２番２号
「氏名」甲山一郎
「役員に関する事項」
「資格」監査役
「氏名」○○○○
「役員に関する事項」
「取締役会設置会社に関する事項」
取締役会設置会社
「監査役設置会社に関する事項」

監査役設置会社
「登記記録に関する事項」
令和○年○月○日農事組合法人彩の里を組織変更し設立

（総会議事録）

総会議事録

1　招集年月日　　　　　　令和○年○月○日
1　開催場所　　　　　　　当法人事務所
　　　　　　　　　　　　　（東京都府中市府中一丁目1番1号）
1　開催日時　　　　　　　令和○年○月○日午前10時30分
1　総組合員数　　　　　　○名
1　出席組合員数　　　　　○名
1　出席した理事及び監事　甲山一郎（議長兼議事録作成者）
　　　　　　　　　　　　　○○○○
　　　　　　　　　　　　　○○○○
　　　　　　　　　　　　　○○○○

1　議長選任の経過

　定刻に至り司会者○○○○開会を宣言し、本日の総会は定款所定数を満たしたので有効に成立した旨を告げ、議長の選任方法を諮ったところ、満場一致をもって甲山一郎が議長に選任された。続いて議長から挨拶の後議案の審議に入った。

1　議事の経過の要領及び決議の結果

　議案　組織変更計画承認の件

　議長は、当農事組合法人の組織を変更して、組織変更計画の内容のとおり、株式会社としたい旨説明し、別紙組織変更計画書について、その承認を諮ったところ、満場一致をもってこれに同意し、可決確定した。

　以上をもって議案の全部の審議を終了したので、議長は閉会を宣言し、午前11時30分散会した。

　　令和○年○月○日

農事組合法人彩の里　臨時総会において
議事録作成者　理事　甲山一郎　㊞

（組織変更計画書）

組織変更計画書

1　目　　的　　　　1　農畜産物の生産・加工・販売
　　　　　　　　　　2　農業生産に必要な資材の製造販売
　　　　　　　　　　3　農作業の受託
　　　　　　　　　　4　前各号に附帯関連する事業
1　商　　号　　　株式会社彩の里
1　本　　店　　　東京都府中市府中一丁目1番1号
1　発行可能株式総数　○株
1　上記の事項以外に定款で定める事項
　　別紙定款案のとおり
1　取締役の氏名　　　甲山一郎
　　　　　　　　　　　○○○○
　　　　　　　　　　　○○○○
　（1　会計参与の氏名　　○○○○）
1　監査役の氏名　　　○○○○
　（1　会計監査人の氏名　○○○○）
1　組織変更をする農事組合法人の組合員が組織変更に際して取得する組
　織変更後株式会社の株式の数又はその数の算定方法
　　　○株
1　組織変更をする農事組合法人の組合員に対する株式の割当てに関する
　事項
　　以下のとおり割り当てることとする。
　　組合員　○○○○について○株
　　組合員　○○○○について○株
　　組合員　○○○○について○株
　（1　組織変更後株式会社が組織変更に際して組織変更をする農事組合法
　　人の組合員に対してその持分に代わる金銭を支払うときは、その額又
　　はその算定方法）
　（1　上記金銭の割当てに関する事項）
1　組織変更後株式会社の資本金及び準備金に関する事項

```
    資本金　金○円
 1　効力発生日　令和○年○月○日
```

（定款）

```
                株式会社彩の里定款
                第1章　総　則
(商　号)
第○条　当会社は、株式会社彩の里と称する。
(目　的)
第○条　当会社は、次の事業を営むことを目的とする。
    1　農畜産物の生産・加工・販売
    2　農業生産に必要な資材の製造販売
    3　農作業の受託
    4　前各号に附帯関連する事業
(本店の所在地)
第○条　当会社は、本店を東京都府中市に置く。
(公告の方法)
第○条　当会社の広告は、官報に掲載してする。
                第2章　株　式
(発行可能株式総数)
第○条　当会社の発行可能株式総数は、○株とする。
(株券の不発行)
第○条　当会社の発行する株式については、株券を発行しない。
(株式の譲渡制限)
第○条　当会社の株式を譲渡により取得するには、取締役会の承認を受け
    なければならない。
(株主名簿記載事項の記載又は記録の請求)
第○条　略
(質権の登録及び信託財産の表示)
第○条　略
(手数料)
第○条　略
(基準日)
第○条　略
```

第3章　株主総会

（招集）

第○条　当会社の定時株主総会は、毎事業年度末日の翌日から3か月以内に招集し、臨時総会は、その必要がある場合に随時これを招集する。

2　株主総会を招集するには、会日より1週間前までに、議決権を行使することができる株主に対して招集通知を発するものとする。

（議長）

第○条　株主総会の議長は、代表取締役社長がこれに当たる。代表取締役社長に事故があるときは、あらかじめ代表取締役社長の定めた順序により他の取締役がこれに代わる。

（決議）

第○条　株主総会の決議は、法令又は定款に別段の定めがある場合のほか、出席した議決権のある株主の議決権の過半数をもって決する。

2　会社法第309条第2項に定める決議は、議決権を行使することができる株主の議決権の3分の1以上を有する株主が出席し、出席した当該株主の議決権の3分の2以上に当たる多数をもって行う。

（議決権の代理行使）

第○条　略

第4章　取締役、監査役、代表取締役及び取締役会

（取締役会の設置）

第○条　当会社に取締役会を設置する。

（監査役の設置）

第○条　当会社に監査役を置く。

（取締役及び監査役の員数）

第○条　当会社の取締役は5名以内、監査役は2名以内とする。

（取締役及び監査役の選任）

第○条　当会社の取締役及び監査役は、株主総会において議決権を行使することができる株主の議決権の3分の1以上を有する株主が出席し、その議決権の過半数の決議によって選任する。

2　取締役の選任については、累積投票によらないものとする。

（取締役及び監査役の任期）

第○条　取締役の任期はその選任後2年以内、監査役の任期はその選任後4年以内に終了する事業年度のうち最終のものに関する定時株主総会の終結の時までとする。

2　補欠又は増員により選任された取締役の任期は、前任者又は他の在任取締役の任期の残存期間と同一とする。

3　任期の終了前に退任した監査役の補欠として選任された監査役の任期は、退任した監査役の任期が満了すべき時までとする。

（取締役会の招集）

第○条　取締役会は、代表取締役社長がこれを招集するものとし、その通知は、各取締役及び各監査役に対して会日の３日前に発するものとする。ただし、緊急の必要があるときは、この期間を短縮することができる。

（代表取締役）

第○条　当会社は、取締役会の決議により、取締役の中から代表取締役１名を定めることができる。

２　代表取締役は社長とし、当会社を代表する。

（業務執行）

第○条　代表取締役社長は、当会社の業務を執行する。

２　代表取締役社長に事故があるときは、あらかじめ取締役会の定める順序に従い、他の取締役が代表取締役社長の業務を代行する。

（監査の範囲）

第○条　監査役の監査の範囲は、会計に関するものに限定する。

第５章　計　算

（事業年度）

第○条　当会社の事業年度は年１期とし、毎年４月１日から翌年３月31日までとする。

（剰余金の配当）

第○条　剰余金は、毎事業年度末日現在における株主名簿に記載された株主又は登録株式質権者に配当する。

（剰余金の配当等の除籍期間）

第○条　当会社が剰余金の支払の提供をしてから満３年を経過しても受領されないときは、当会社はその支払の義務を免れるものとする。

附則

上記定款は、東京都府中市府中一丁目１番１号農事組合法人彩の里の組織を変更して株式会社とするにつき作成したものであって、組織変更が効力を生じた日から、これを施行するものとする。

（代表取締役の選定に関する書面）

取締役会議事録

令和○年○月○日組織変更計画書に関する総会の議決により選任された取締役は、取締役会を開催し、全会一致をもって、下記のとおり代表取締

役を選定した。

　　　代表取締役　埼玉県熊谷市中央町一丁目2番2号　甲山一郎

　　上記決議を証するため、出席取締役及び監査役の全員において下記に記
名押印する。

　　　　令和〇年〇月〇日

　　　　　　　　　　　　　　　　株式会社彩の里取締役会において
　　　　　　　　　　　　　　取締役　　甲山一郎　㊞
　　　　　　　　　　　　　　同　　　　〇〇〇〇　㊞
　　　　　　　　　　　　　　同　　　　〇〇〇〇　㊞
　　　　　　　　　　　　　　監査役　　〇〇〇〇　㊞

（注）代表取締役の選定に関する書面としては、選定方法に応じ、取締役会議事
　　録のほかに、定款、定款の定めに基づく取締役の互選書、株主総会の議事録
　　等があります。
　　　なお、取締役会の開催は、組織変更計画に定めた効力発生日以降に開催さ
　　れる必要があります。

（公告をしたことを証する書面）

　　　　　　　　　　　　　　組織変更公告

　　当農事組合法人は、株式会社に組織変更することにしました。
　　この組織変更に異議のある債権者の方は、本公告掲載の翌日から1か月
以内にお申し出ください。
　　なお、計算書類は、当法人の主たる事務所に備え置いてあります。

　　　　令和〇年〇月〇日

　　　　　　　　　　　　　　　東京都府中市府中一丁目1番1号
　　　　　　　　　　　　　　　農事組合法人彩の里
　　　　　　　　　　　　　　　　理事　甲山一郎

（債権者への各別の通知）

催 告 書

謹啓　貴殿益々御清祥のことと存じます。

　さて、今般当農事組合法人は、令和○年○日○日総会の議決をもって、その組織を変更して東京都府中市府中一丁目１番１号株式会社彩の里とすることと致しましたので、組織変更につき御異議がありましたら令和○年○月○日までにその旨をお申し出ください。

　　上記のとおり催告します。
　　　　令和○年○月○日

　　　　　　　　　　　　　　　東京都府中市府中一丁目１番１号
　　　　　　　　　　　　　　　農事組合法人彩の里
　　　　　　　　　　　　　　　　理事　甲山一郎

（債権者）
　　　　○○　殿
　　以上は、催告書の控えに相違ありません。
　　　　令和○年○月○日

　　　　　　　　　　　　　　　東京都府中市府中一丁目１番１号
　　　　　　　　　　　　　　　農事組合法人彩の里
　　　　　　　　　　　　　　　　理事　　甲山一郎　㊞

（委任状）

委 任 状

　　　　　　　　　　　埼玉県さいたま市浦和区浦和一丁目１番１号
　　　　　　　　　　　　　山 川 太 郎

　私は、上記の者を代理人に定め、次の権限を委任します。

１　農事組合法人彩の里の組織を変更して株式会社彩の里としたので、その本店所在地において株式会社彩の里の設立及び農事組合法人彩の里の解散の登記を申請する一切の件

１　原本還付の請求及び受領の件

令和○年○月○日

　　　　　　　　東京都府中市府中一丁目1番1号
　　　　　　　　株式会社彩の里
　　　　　　　　　　代表取締役　甲山一郎　㊞

（注）代表取締役の印鑑は、代表取締役が登記所に提出する印鑑を押印します。

申請訴書式
（組織変更による農事組合法人の解散の登記）

農事組合法人組織変更による解散登記申請書

1　会社法人等番号　　○○○○－○○－○○○○○○

　　フリガナ　　　　　サイノサト
1　商　　号　　　　　農事組合法人彩の里

1　主たる事務所　　　東京都府中市府中一丁目1番1号

1　登記の事由　　　　組織変更による解散

1　登記すべき事項　　別紙のとおりの内容をオンラインにより提出済み

　上記のとおり登記の申請をします。

　　令和○年○月○日

　　　　　　　　東京都府中市府中一丁目1番1号
　　　　　　　　申請人　　　株式会社彩の里

　　　　　　　　埼玉県熊谷市中央町一丁目2番2号
　　　　　　　　代表取締役　　甲　山　一　郎　㊞　　（注1）

　　　　　　　　埼玉県さいたま市浦和区浦和一丁目1番1号
　　　　　　　　上記代理人　　山　川　太　郎　㊞　　（注2）

連絡先の電話番号

東京法務局　府中支局　御中

参考
　①　株式会社の設立の登記申請書と同時に提出します。
　②　解散の登記申請書には添付書面は必要ありません。
（注1）代表取締役の印鑑は、登記所に提出した印鑑を押印します。
（注2）代理人が申請する場合に記載し、代理人の印鑑を押印します。この場合
　　　には、代表取締役の押印は必要ありません。

（登記すべき事項をオンラインにより提供する場合の別紙の例）

「登記記録に関する事項」
令和○年○月○日
東京都府中市府中一丁目1番1号
株式会社彩の里に組織変更し解散

第2　非出資農事組合法人の一般社団法人への組織変更

非出資農事組合法人から一般社団法人への組織変更の手続について説明してください。

1　概説

　改正前の農協法においては、既に述べたように、出資農事組合法人から株式会社へ組織変更することができる旨の規定が置かれていましたが、農業協同組合法等の一部を改正する法律（平成27年法律第63号。以下「改正法」という。）において、組織変更の対象が拡大され、非出資農事組合法人は、その組織を変更して一般社団法人になることができると

されました（農協法77条）。

　そのため、改正法では、組織変更計画の手続、記載事項、総会における組織変更計画の承認、債権者保護手続、行政庁への届出その他の組織変更の手続等に関する規定を定めています。

2　組織変更計画の作成

　組織変更を行う場合には、組織変更計画を作成しなければならないとされています（農協法78条1項）。

　組織変更計画には、次に掲げる事項を定めなければならないとされています（同条2項）。

(1)　組織変更後の一般社団法人（以下「組織変更後一般社団法人」という。）の一般社団法人及び一般財団法人に関する法律（以下「一般社団法人法」という。）11条1項1号から3号まで及び5号から7号までに掲げる事項

　具体的には、一般社団法人及び一般財団法人に関する法律第11条1項に規定する定款の絶対的記載事項のうち、①目的、②名称、③主たる事務所の所在地、④社員の資格の得喪に関する規定、⑤公告方法及び⑥事業年度を記載しなければならないとされています。

①　目的

　一般社団法人が営もうとする具体的な事業を記載します。一般社団法人の目的たる事業の種類については法律上特別な制限はないとされますが、強行法規又は公序良俗に反するものであってはなりません。

②　名称

　一般社団法人は、その名称中に一般社団法人という文字を用いなければなりません（一般社団法人法5条1項）。

③　主たる事務所の所在地

　主たる事務所の所在地については、最小行政区画（市区町村）まで定めれば足ります。

④　社員の資格の得喪に関する規定

　この定めには、社員となる者の資格についての定め、退社事由の定め、入退社の手続についての定め等が該当します。

⑤　公告方法

一般社団法人は、公告方法として、ⅰ官報に掲載する方法、ⅱ時事に関する事項を掲載する日刊新聞紙に掲載する方法、ⅲ電子公告又はⅳ主たる事務所の公衆の見やすい場所に掲示する方法のいずれかを定めることができます（一般社団法人法11条1項6号、331条1項、一般社団法人法施行規則88条）。

⑥　事業年度

(2)　(1)に掲げるもののほか、**組織変更後一般社団法人の定款で定める事項**

(3)　**組織変更後一般社団法人の理事の氏名**

(4)　**次の①又は②に掲げる場合の区分に応じ、当該①又は②に定める事項**

　①　組織変更後一般社団法人が監事設置一般社団法人である場合、組織変更後一般社団法人の監事の氏名

　②　組織変更後一般社団法人が会計監査人設置一般社団法人である場合、組織変更後一般社団法人の会計監査人の氏名又は名称

(5)　**組織変更後一般社団法人の社員の氏名又は名称及び住所**

(6)　**組織変更がその効力を生ずる日（効力発生日）**

(7)　**その他農林水産省令で定める事項**

3　組織変更計画の承認

　　組織変更を行う場合には、組織変更計画を作成し、総会の決議によりその承認を受けなければならないとされています（農協法78条1項）が、組織変更計画の承認を行う総会の決議は、農事組合法人の総組合員の3分の2以上の多数による特別決議によらなければなりません（農協法80条、73条の3第2項）。

　　組織変更に係る総会の招集の通知は、総会の日の2週間前までに、会議の目的である事項及び組織変更計画の要領を示して行わなければならないとされています（農協法80条、73条の3第3項）。

4　債権者保護手続（農協法80条、49条、50条1項、2項）

　　組織変更をする非出資農事組合法人は、組織変更の決議の日から2週間以内に、債権者に対して、①組織変更をする旨、②財産目録を主たる事務所に備え置いている旨、③債権者が1か月を下らない一定の期間内に異議を述べることができる旨、を官報に公告し、かつ、貯金者、定期積金の積金者その他政令で定める債権者以外の知れている債権者には、

各別に催告を行わなければならないとされています（農協法 80 条、49 条
1 項、2 項）。

　債権者が、上記の③の期間内に異議を述べなかったときは、組織変更
について承認したものとみなされますが、異議を述べた場合には、組織
変更をしても当該債権者を害するおそれがないときを除き、農事組合法
人は、当該債権者に対し弁済し、若しくは相当の担保を提供し、又は当
該債権者に弁済を受けさせることを目的として、信託会社等に相当の財
産を信託しなければならないとされています（農協法 80 条、50 条 1 項、
2 項）。

　なお、非出資農事組合法人が上記の公告を、官報のほか定款の定めに
従い、時事に関する事項を掲載する日刊新聞紙に掲載する方法又は電子
公告のいずれかによりするときは、知れている債権者に対する各別の催
告は要しないとされています（農協法 80 条、49 条 3 項）。

5　組織変更の効力発生

　組織変更をする非出資農事組合法人は、組織変更効力発生日に、一般
社団法人となり（農協法 79 条 1 項）、同日に、農協法 78 条 2 項 1 号及び
2 号に掲げる事項の定めに従い、定款の変更をしたものとみなされ（同
法 79 条 2 項）、組織変更をする非出資農事組合法人の組合員は、同日
に、同法 78 条 2 項 5 号に掲げる事項についての定めに従い、組織変更
後一般社団法人の社員となるとされています（同法 79 条 3 項）。

　組織変更をする農事組合法人は、組織変更効力発生日を変更すること
ができますが、その場合には、組織変更をする非出資農事組合法人は、
変更前の効力発生日の前日までに、変更後の効力発生日を公告しなけれ
ばならないとされています（農協法 80 条、73 条の 8 第 5 項、会社法 780 条）。

6　組織変更の登記

　組織変更をしたときは、組合等登記令で定めるところにより登記をし
なければならないとされています（農協法 80 条、73 条の 9）。

7　行政庁への届出

　出資農事組合法人は、組織変更をしたときは、遅滞なく、その旨を行
政庁に届け出なければならないとされています（農協法 80 条、73 条の 10）。

8　組織変更に関する書類の備置き及び閲覧等（農協法 80 条、74 条）

　組織変更後一般社団法人は、債権者保護手続の経過、組織変更効力発

生日その他の組織変更に関する事項を記載し、又は記録した書面又は電磁的記録を、組織変更効力発生日から6か月間、主たる事務所に備え置かなければならないとされています（農協法80条、74条1項）。

組織変更後一般社団法人の組合員及び債権者は、上記書面の閲覧、謄本等の請求ができるとされています（農協法80条、74条2項）。

Q30
非出資農事組合法人から一般社団法人への組織変更の登記手続について説明してください。

1 登記期間等

非出資農事組合法人が組織変更したときは、組合法78条2項6号に規定する組織変更の効力発生日から、その主たる事務所の所在地においては2週間以内に、その従たる事務所においては3週間以内に、組織変更前の非出資農事組合法人については解散の登記をし、組織変更後の一般社団法人については設立の登記をしなければならないとされています（組合等登記令26条4項）。

組織変更後の一般社団法人についてする登記においては、通常の設立の登記と同一の事項のほか、組織変更前の非出資農事組合法人の成立の年月日、名称並びに組織変更をした旨及びその年月日をも登記しなければならないとされています（組合等登記令26条5項、商業登記法76条）。

非出資農事組合法人が組織変更をした場合の非出資農事組合法人についての解散の登記の申請と組織変更後の一般社団法人についての設立の登記の申請とは、同時にしなければならないとされ、申請書の添付書面に関する規定は、組織変更前の非出資農事組合法人についての解散の登記の申請については、適用しないとされています。登記官は、組織変更による解散の登記の申請及び組織変更による設立の登記の申請のいずれかにつき商業登記法24条各号のいずれかに掲げる事由があるときは、これらの申請を共に却下しなければならないとされています（組合等登記令26条5項、商業登記法78条）。

2　添付書面

(1)　組織変更後一般社団法人についてする設立の登記の申請書の添付書面

　一般社団法人法 317 条及び 330 条において準用する商業登記法 18 条に規定する書面のほか、次の書面を添付しなければならないとされています（組合等登記令 26 条 7 項）。

ア　組織変更計画書

イ　定款

ウ　組織変更後一般社団法人の理事及び監事が就任を承諾したことを証する書面

　　なお、一般社団法人等登記規則 3 条において準用する商業登記規則 61 条 4 項の規定は組織変更による設立の場合には適用がないから、市町村長の作成に係る印鑑証明書の添付は必要ありませんが、一般社団法人等登記規則 3 条において準用する商業登記規則 61 条 7 項の規定により、本人確認証明書の添付を要します。

エ　会計監査人を選任したときは、次の書面

①　就任を承諾したことを証する書面

②　会計監査人が法人であるときは、当該法人の登記事項証明書
　　ただし、当該登記所の管轄区域内に当該法人の主たる事務所がある場合を除く。

③　会計監査人が法人でないときは、その者が公認会計士であることを称する書面

オ　債権者保護手続関係書面（組合等登記令 26 条 10 項、20 条 2 項、3 項）

カ　代表理事を選定した場合には、上記の書面に加え、代表理事の選定に関する書面を添付する必要があります。なお、代表理事の選定は、組織変更計画において、定款に定める事項として代表理事の氏名を記載し、当該組織変更計画書について総会の承認を得ることも可能であるとされ、また、組織変更の効力発生後、設立登記の前に、一般社団法人法の規定に従い、代表理事を選定することも可能であると解されています（「民事月報 71 巻 5 号」96 頁）。

　　代表理事の選任に関する書面は、代表理事の選定方法に応じ、以下の書面を添付しなければなりません。

① 定款（組織変更計画において、定款に定める事項として代表理事の氏名を記載し、当該組織変更計画書について総会の承認を得た場合）

② 理事会議事録（組織変更後一般社団法人が理事会設置一般社団法人である場合）

③ 定款の定めに基づく理事の互選書

④ 社員総会議事録

⑤ 代表理事の就任承諾書

　　組織変更後の一般社団法人が理事会設置一般社団法人である場合又は組織変更後の一般社団法人が理事会設置一般社団法人以外の一般社団法人である場合にあっては、理事の互選によって代表理事を定めた場合に限り添付します（前掲書）。

⑵ **組織変更前の非出資農事組合法人についてする解散の登記の申請書の添付書面**

　　添付書面は要しません（組合等登記令26条5項、商業登記法78条2項）。

第 10 章
農事組合法人の解散

Q31

農事組合法人の解散の手続について教えてください。

1　農事組合法人の解散事由

農事組合法人は、次の事由によって解散します（農協法 73 条 4 項、64 条 1 項、72 条の 34 第 1 項）。

(1)　総会の決議（農協法 64 条 1 項 1 号）

農事組合法人は総会の決議によって解散しますが、解散の決議は、総組合員の 3 分の 2 以上の多数による決議（特別決議）が必要とされています（農協法 72 条の 30）。

(2)　農事組合法人の合併（農協法 64 条 1 項 2 号）

(3)　農事組合法人についての破産手続開始の決定（同項 3 号）

(4)　存続時期の満了（同項 4 号）

農事組合法人は、定款で存立時期を定めることができるとされていますが（農協法 72 条の 16 第 2 項、28 条 3 項）、この場合には、その存立時期の満了により、農事組合法人は当然に解散します。

(5)　解散命令（同項 5 号）

次の場合には、行政庁は、農事組合法人の解散を命ずることができるとされています（農協法 95 条の 2）。

① 農事組合法人が法律の規定に基づいて行うことができる事業以外の事業を行ったとき

② 農事組合法人が、正当な理由がないのに、その成立の日から 1 年を経過してもなおその事業を開始せず、又は 1 年以上事業を停止したとき

③ 農事組合法人が法令に違反した場合において、行政庁が組合法 95 条 1 項の必要な措置を採るべき旨を命じたにもかかわらず、これに従わないとき

177

農事組合法人の解散が行政庁の解散命令による場合は、その解散の登記は、行政庁の嘱託によって行われます（組合等登記令14条4項）。

(6) 組合員の減少（農協法72条の34第1項）

組合員が3人未満となり、3人未満となった日から引き続き6か月間その組合員が3人以上にならなかった場合は、その6か月を経過したときに解散するとされています。

(7) 休眠農事組合法人のみなし解散（農協法73条4項、64条の2）

実体のない休眠農事組合法人が詐欺等の犯罪にダミー法人として利用される懸念があること等（民事月報71巻5号69頁）から、平成27年の改正農協法において、みなし解散制度が導入され、行政庁が登記が最後にあった日から5年を経過した農事組合法人に対し、2か月以内に農林水産省令の定めるところにより行政庁に事業を廃止していない旨の届出をすべき旨を官報に公告した場合において、その届出をしないときは、当該期間の満了の時に解散したものとみなすとされました（農協法73条4項、64条の2）。

みなし解散による登記については、組合等登記令26条2項に特則が置かれ、みなし解散の登記は、行政庁の嘱託によることとされています。

2 清算人の選任

農事組合法人の解散により、清算人が、清算農事組合法人の清算に関する事務を執行することになります。

農事組合法人が解散したときは、合併及び破産手続開始決定による解散の場合を除き、理事が清算人となります（農協法73条4項、71条1項）。ただし、総会で理事以外の者を清算人として選任することもできます（農協法73条4項、71条1項ただし書）。

また、上記の手続により清算人となる者がいないときは、裁判所は、利害関係人の申立て等により、清算人を選任することができるとされています（農協法72条の37）。

3 解散及び清算人就任の登記

農事組合法人が解散したときは、合併、破産手続開始の決定による解散の場合を除き、主たる事務所の所在地において2週間以内に解散の登記をしなければなりません（組合等登記令7条）。なお、解散の登記は、

清算人が申請することになりますので、解散の登記と同時に清算人就任の登記も申請する必要があります。

　なお、農事組合法人は、その解散が合併による解散又は行政庁による解散命令による場合を除いて、解散の日から 2 週間以内に、その旨を行政庁に届け出なければならないとされています（農協法 72 条の 34 第 2 項）。

4　清算人の職務

　清算人は、①現務の結了、②債権の取立て及び債務の弁済、③残余財産の引渡しの職務を行うとされています（農協法 72 条の 39 第 1 項）。そして、清算人は、これらの職務を行うために必要な一切の行為をすることができるとされています（同条 2 項）。

　清算人は、就任の後遅滞なく、農事組合法人の財産の状況を調査し、非出資農事組合法人にあっては財産目録、出資農事組合法人にあっては財産目録及び貸借対照表を作成し、財産処分の方法を定めて総会に提出し、又は提供して総会の承認を求めなければならないとされています（農協法 73 条 4 項、72 条 1 項）。

　また、清算人は、その就職の日から 2 か月以内に、少なくとも 3 回の官報公告をもって、債権者に対して 2 か月を下らない一定の期間内に、その債権の申出をすべき旨の催告をするとともに、知れている債権者には各別に催告をしなければならないとされています（農協法 72 条の 40）。上記の一定の期間経過後に申出をした債権者は、農事組合法人の債務が完済された後まだ権利の帰属すべき者に引き渡されていない財産に対してのみ、請求をすることができるとされています（農協法 72 条の 41）。

　清算農事組合法人は、農事組合法人の債務を弁済した後でなければ、その財産を組合員に分配することはできません（農協法 73 条 4 項、会社法 502 条本文）。

5　清算事務の終了

　清算人は、債務を弁済し、総会で承認を得た方法によって残余財産を処分して清算事務が終了したときは、遅滞なく決算報告書を作成し、これを総会に提出してその承認を受けなければなりません（農協法 73 条 4 項、会社法 507 条 1 項、3 項）。

　農事組合法人の清算が結了したときは、清算結了の日から主たる事務

所の所在地においては2週間以内に、従たる事務所の所在地においては3週間以内に清算結了の登記をしなければなりません（組合等登記令10条、13条）。

　また、清算人は、清算が結了したときは、その旨を行政庁に届け出なければなりません（農協法72条の44）。

農事組合法人の解散及び清算人就任の登記手続について教えてください。

1　登記の期間等
　農事組合法人が解散したときは、合併及び破産手続開始の決定による解散の場合を除き、2週間以内に、その主たる事務所の所在地において、解散の登記をしなければなりません（組合等登記令7条）。

　解散の登記は、清算人が申請することになりますので、解散の登記と同時に清算人就任の登記も申請しなければなりません（組合等登記令3条1項）。

2　登記すべき事項
(1)　解散の登記
　解散の登記において登記すべき事項は、解散の旨並びにその事由及び年月日です（組合等登記令25条、商業登記法71条1項）。

(2)　清算人の就任の登記
　清算人の就任の登記においては、清算人の氏名、住所及び資格を登記しなければならないとされています（組合等登記令3条1項）。

3　添付書面
(1)　解散の登記
　ア　解散を証する書面（組合等登記令19条）
　　総会の特別決議により解散した場合には、当該決議をした総会の議事録を添付します。
　イ　代理人によって登記の申請をする場合には、代理人の権限を証する書面（組合等登記令25条、商業登記法18条）

(2)　**解散の登記に伴う職権抹消**

　　解散の登記をしたときは、登記官は、職権で、理事に関する登記を抹消する記号を登録しなければならないとされています（各種法人等登記規則 5 条、商業登記規則 72 条 1 項 1 号）。

(3)　**清算人の就任の登記**

　ア　変更を証する書面（組合等登記令 17 条 1 項）

　　理事が清算人に就任したときは、登記簿上理事であることが明らかであることから、清算人の就任を証する書面は添付する必要はありません。

　　清算人の選任方法に応じて、総会の決議によって清算人を定めたときは、総会議事録及び清算人の就任承諾書、裁判所が清算人を選任した場合にあっては、裁判所の清算人選任決定書が変更を証する書面に該当します（「民事月報 71 巻 5 号」57 頁）。

　イ　代理人によって登記の申請をする場合には、代理人の権限を証する書面（組合等登記令 25 条、商業登記法 18 条）。

申請書書式

（農事組合法人の解散及び清算人就任の登記―総会の決議により解散し、理事が清算人に就任した場合）

農事組合法人解散及び清算人就任登記申請書

1　会社法人等番号　　　○○○○－○○－○○○○○○　　　　（注 1）

　　フリガナ　　　　　　サイノサト　　　　　　　　　　　　　（注 2）
1　名　　称　　　　　　農事組合法人彩の里

1　主たる事務所　　　　東京都府中市府中一丁目 1 番 1 号

1　登記の事由　　　　　解散及び清算人就任

1　登記すべき事項　　　別紙のとおりの内容をオンラインにより提出済み
　　　　　　　　　　　　　　　　　　　　　　　　　　　　　　（注 3）

1　添付書類　　　　　総会議事録　　　　　　１通　　（注４）
　　　　　　　　　　　委任状　　　　　　　　１通　　（注５）

　　上記のとおり登記の申請をします。

　　　令和○年○月○日

　　　　　　　　　　　　　東京都府中市府中一丁目１番１号
　　　　　　　　　　　　　申請人　　　農事組合法人彩の里

　　　　　　　　　　　　　埼玉県熊谷市中央町一丁目２番２号
　　　　　　　　　　　　　清算人　　　甲　山　一　郎　　㊞　　（注６）

　　　　　　　　　　　　　埼玉県さいたま市浦和区浦和一丁目１番１号
　　　　　　　　　　　　　上記代理人　山　川　太　郎　　㊞　　（注７）
　　　　　　　　　　　　　連絡先の電話番号

　　東京法務局府中支局　　御中

（注１）会社法人等番号が分かる場合に記載します。
（注２）名称のフリガナは、法人の種類を表す（農事組合法人）部分を除いて、
　　　　片仮名で左に詰めて記載します。
（注３）登記すべき事項をCD-R（又はDVD-R）に記録し、登記所に提出するこ
　　　　ともできますし、CD-R等に代えてオンラインにより提出することもでき
　　　　ます。
（注４）総会の決議によって解散した場合は、解散の事由を証する書面として、
　　　　総会議事録を添付します。
（注５）代理人に登記申請を委任した場合に添付します。
（注６）清算人の印鑑は、清算人が登記所に提出した印鑑を押印します。
　　　　　登記の申請書に押印すべき者は、あらかじめ登記所に印鑑を提出するこ
　　　　ととされていますので、清算人の印鑑について、「印鑑届書」を提出する
　　　　必要があります（組合等登記令25条、商業登記法20条、各種法人等登記規則
　　　　5条、商業登記規則9条）。
（注７）代理人が登記申請する場合に記載し、代理人の印鑑を押印します。この
　　　　場合には、清算人の押印は必要ありません。

（登記すべき事項をオンラインにより提供する場合の別紙の例）

「解散」令和○年○月○日総会の決議により解散
「役員に関する事項」
「資格」清算人
「住所」埼玉県熊谷市中央町一丁目 2 番 2 号
「氏名」甲山一郎
「役員に関する事項」
「資格」清算人
「住所」○県○市○町○丁目○番○号
「氏名」○○○○
「役員に関する事項」
「資格」清算人
「住所」○県○市○町○丁目○番○号
「氏名」○○○○

（総会議事録）

総会議事録

1	招集年月日	令和○年○月○日
1	開催場所	当法人事務所
		（東京都府中市府中一丁目 1 番 1 号）
1	開催日時	令和○年○月○日午前 10 時 30 分
1	総組合員数	○名
1	出席組合員数	○名
1	出席した理事	甲山一郎（議長兼議事録作成者）
		○○○○
		○○○○

1　議長選任の経過
　　定刻に至り司会者○○○○開会を宣言し、本日の総会は定款所定数を満たしたので有効に成立した旨を告げ、議長の選任方法を諮ったところ、満場一致をもって甲山一郎が議長に選任された。議長より挨拶の後議案の審議に入った。
1　議事の経過の要領及び決議の結果
　第 1 号議案　当農事組合法人の解散の件

議長は、諸般の事情により当農事組合法人を解散したい旨を議場に諮ったところ、満場一致をもって異議なく可決決定した。

　以上をもって議案の全部の審議を終了したので、議長は閉会を宣言し、午前11時30分散会した。

　　令和○年○月○日

　　　　　　　　　　　　　農事組合法人彩の里
　　　　　　　　　　　　　議事録作成者　理事　甲山一郎　㊞

（委任状）

委　任　状

　　　　　　　埼玉県さいたま市浦和区浦和一丁目1番1号
　　　　　　　　　　　　　　山　川　太　郎

　私は、上記の者を代理人に定め、次の権限を委任する。

1　当農事組合法人の解散及び清算人就任の登記を申請する一切の件

1　原本還付の請求及び受領の件

　　令和○年○月○日

　　　　　　　　　　　　　東京都府中市府中一丁目1番1号
　　　　　　　　　　　　　農事組合法人彩の里
　　　　　　　　　　　　　清算人　甲山一郎　　㊞

（注）清算人の印鑑は、清算人が登記所に提出している印鑑を押印します。

第 11 章　清算の結了

Q33

清算農事組合法人の清算の手続及び清算が終了した場合の清算結了の登記とはどのようなものですか。

1　清算の手続

農事組合法人が解散したときは、清算手続に入ります。

(1)　財産目録等の作成

清算人は、就職の後遅滞なく、非出資農事組合法人にあっては財産目録を、出資農事組合法人にあっては財産目録及び貸借対照表を作り、財産処分の方法を定め、総会の承認を求めなければならないとされています（農協法73条4項、72条1項）。

(2)　債務の弁済

清算人は、その就職の日から2か月以内に、少なくとも3回の官報による公告をもって、債権者に対し、一定の期間（2か月を下回ることができない。）内にその債権の申出をすべき旨の催告をするとともに、知れている債権者には、各別にこれを催告しなければならないとされています。この公告には、当該債権者が当該期間内に申出をしないときは清算から除斥されるべき旨を付記しなければならないとされています（農協法72条の40）。なお、除斥期間の経過後に申出をした債権者は、農事組合法人の債務が完済された後まだ権利の帰属すべき者に引き渡されていない財産に対してのみ、請求をすることができるとされています（農協法72条の41）。

(3)　残余財産の分配

債務弁済手続の終了後、残余財産の引き渡しを行うことになりますが、農事組合法人の債務を弁済した後でなければ、その財産を組合員に分配することはできないとされています（農協法73条4項、会社法502条本文）。

2 清算事務の終了

　清算農事組合法人は、清算事務が終了した時は、遅滞なく、決算報告を作成し、総会の承認を受けなければならないとされています（農協法73条4項、会社法507条1項、3項）。

　また、清算人は、清算が結了したときは、その旨を行政庁に届け出なければならないとされています（農協法72条の44）。

3 清算結了の登記

(1) 登記期間等

　清算が結了したときは、清算農事組合法人は、清算結了の日（総会における決算報告の承認の日）から2週間以内に、その主たる事務所の所在地において、清算結了の登記をしなければなりません（組合等登記令10条）。従たる事務所がある場合には、3週間以内に当該従たる事務所の所在地においても、清算結了の登記をしなければなりません（組合等登記令13条）。

(2) 登記すべき事項

　登記すべき事項は、清算結了の旨及びその年月日（総会において決算報告を承認した日）です。

(3) 添付書面

　① 清算結了の登記の申請書には、清算が結了したことを証する書面を添付しなければならないとされています（組合等登記令23条）。

　　この書面は、清算人の作成した決算報告書とこれを承認した総会の議事録が該当します。

　② 代理人によって登記の申請をする場合には、代理人の権限を証する書面を添付します（組合等登記令25条、商業登記法18条）。

申請書書式
（農事組合法人の清算結了の登記）

農事組合法人清算結了登記申請書

1　会社法人等番号　　○○○○－○○－○○○○○○　　　　　　（注1）

```
        フリガナ          サイノサト                      （注2）
  1  名　称            農事組合法人彩の里

  1  主たる事務所        東京都府中市府中一丁目1番1号

  1  登記の事由          清算結了

  1  登記すべき事項      令和○年○月○日清算結了           （注3）

  1  添付書類            総会議事録（決算報告書を含む）   1通
                        委任状                          1通  （注4）


     上記のとおり登記の申請をします。


         令和○年○月○日


                    東京都府中市府中一丁目1番1号
                    申請人          農事組合法人彩の里

                    埼玉県熊谷市中央町一丁目2番2号
                    清算人          甲　山　一　郎    ㊞  （注5）

                    埼玉県さいたま市浦和区浦和一丁目1番1号
                    上記代理人    山　川　太　郎    ㊞  （注6）

                    連絡先の電話番号

     東京法務局　府中支局　御中
```

（注1）会社法人等番号が分かる場合に記載します。
（注2）名称のフリガナは、法人の種類を示す（農事組合法人）部分を除いて、片仮名で、左に詰めて記載します。
（注3）登記すべき事項を CD-R（又は DVD-R）に記録し、登記所に提出することもできますし、CD-R 等に代えてオンラインにより提出することもできます。年月日は、総会において決算報告を承認した日を記載します。
（注4）代理人に登記申請を委任した場合に添付します。
（注5）清算人の印鑑は、清算人が登記所に提出した印鑑を押印します。
（注6）代理人が申請する場合に記載し、代理人の印鑑を押印します。この場合には、理事の押印は必要ありません。

（総会議事録）

総会議事録

1　招集年月日　　　　　令和〇年〇月〇日
1　開催場所　　　　　　当法人事務所
　　　　　　　　　　　　（東京都府中市府中一丁目1番1号）
1　開催日時　　　　　　令和〇年〇月〇日午前10時30分
1　総組合員数　　　　　〇名
1　出席組合員数　　　　〇名
1　出席清算人　　　　　甲山一郎（議長兼議事録作成者）
　　　　　　　　　　　　〇〇〇〇
　　　　　　　　　　　　〇〇〇〇

1　議長選任の経過
　　定刻に至り司会者〇〇〇〇開会を宣言し、本日の総会は定款所定数を満たしたので有効に成立した旨を告げ、議長の選任方法を諮ったところ、満場一致をもって甲山一郎が議長に選任された。議長から挨拶の後議案の審議に入った。
1　議事の経過の要領及び決議の結果
　　議長は、当農事組合法人の清算結了に至るまでの経過を詳細に報告し、別紙決算報告書を朗読し、その承認を求めたところ、満場異議なくこれを承認した。よって議長は本総会の終了を宣し、午前11時30分閉会した。

　　　上記の決議を明確にするため、この議事録を作成する。

　　　令和〇年〇月〇日

　　　　　　　　農事組合法人彩の里臨時総会
　　　　　　　　　議事録作成者　清算人　甲山一郎　㊞

（注）総会議事録に決算報告書を添付します。

（決算報告書）

決算報告書

1　債務の弁済、清算に係る費用の支払による費用の額は、金○○円である。
1　令和○年○月○日から令和○年○月○日までの期間内に取り立てた債権の総額は、金○○円である。
1　現在の残余財産の額は、金○○円である。
1　令和○年○月○日、残余財産○○円を、次のように組合員に分配した。
1　出資1口につき金○○円の割合

　上記のとおり、清算結了したことを報告する。

　　　令和○年○月○日

　　　　　　　　　　　　　農事組合法人彩の里
　　　　　　　　　　　　　　清算人　甲山一郎　㊞
　　　　　　　　　　　　　　同　　　○○○○　㊞
　　　　　　　　　　　　　　同　　　○○○○　㊞

（委任状）

委　任　状

　　　　　　　　　埼玉県さいたま市浦和区浦和一丁目1番1号
　　　　　　　　　　　　　山　川　太　郎

　私は、上記の者を代理人に定め、次の権限を委任する。

1　当農事組合法人の清算結了の登記を申請する一切の件

1　原本還付の請求及び受領の件

　　　令和○年○月○日

東京都府中市府中一丁目１番１号
農事組合法人彩の里
　　清算人　甲山一郎　　㊞

（注）清算人の印鑑は、清算人が登記所に提出している印鑑を押印します。

─第 12 章─
─農事組合法人の継続の登記─

Q34

解散した農事組合法人の継続の手続とはどのようなものですか。

1　継続の手続

改正農協法（農業協同組合法等の一部を改正する等の法律（平成 27 年法律第 63 号））により継続の制度が新設されました。

改正法では、農事組合法人は、①総会の決議、②存立時期の満了により解散した場合には、その清算が結了するまでの間に、総会の特別決議により、農事組合法人を継続することができるとされています（農協法 73 条 4 項、64 条の 3）。また、解散したものとみなされた休眠農事組合法人についても、解散したものとみなされた後 3 年以内に限り、同様の手続により農事組合法人の継続が認められています（農協法 64 条の 3 第 1 項括弧書）。

農事組合法人が継続をしたときは、2 週間以内に、その旨を行政庁に届け出なければならないとされています（農協法 64 条の 3 第 3 項）。

2　継続の登記

(1)　登記期間等

農事組合法人が継続したときは、2 週間以内に、その主たる事務所の所在地において、継続の登記をしなければならないとされています（組合等登記令 7 条の 2）。

(2)　登記すべき事項

登記すべき事項は、継続の旨及びその年月日です。

なお、農事組合法人を継続する場合には、継続後の農事組合法人の機関設計に応じ、一定の機関を置く旨の定款の定めを設けるとともに、役員等を選任し、これらの登記もしなければならないとされています（昭和 25・1・30 民事甲第 72 号民事局長通達）。

(3) **添付書面**

　　継続の登記の申請書には、農事組合法人が継続したことを証する書面を添付しなければならないとされています（組合等登記令 19 条の 2）。

　　継続したことを証する書面とは、継続に係る総会の議事録がこれに該当します。また、継続の登記と併せて、継続後の理事を登記することを要しますから、農事組合法人の機関設計に従い、理事の選任に係る総会議事録及び理事の就任承諾書を添付する必要があります（民事月報 71 巻 5 号 71 頁）。

　　そのほか、代理人によって登記の申請をする場合には、代理人の権限を証する書面を添付します（組合等登記令 25 条、商業登記法 18 条）。

(4) **継続の登記に伴う職権抹消**

　　継続の登記をしたときは、登記官は、職権で解散の登記並びに清算人に関する登記に抹消する記号を記録しなければならないとされています（各種法人等登記規則 5 条、商業登記規則 73 条）。

申請書書式

（農事組合法人の継続の登記）

農事組合法人継続登記申請書

1	会社法人等番号	○○○○ － ○○ － ○○○○○○
	フリガナ	サイノサト
1	商　号	農事組合法人彩の里
1	主たる事務所	東京都府中市府中一丁目 1 番 1 号
1	登記の事由	農事組合法人継続 理事の就任
1	登記すべき事項	別紙のとおりの内容をオンラインにより提出済み
1	添付書類	総会議事録　　1 通 就任承諾書　　○通 委任状　　　　1 通

　　上記のとおり登記の申請をします。

　　　　令和○年○月○日

　　　　　　　　　　　　東京都府中市府中一丁目 1 番 1 号
　　　　　　　　　　　　申請人　　農事組合法人彩の里

　　　　　　　　　　　　埼玉県熊谷市中央町一丁目 2 番 2 号
　　　　　　　　　　　　理事　　　　　甲山一郎　　㊞

　　　　　　　　　　　　埼玉県さいたま市浦和区浦和一丁目 1 番 1 号
　　　　　　　　　　　　上記代理人　　　山川太郎　　㊞
　　　　　　　　　　　　連絡先の電話番号

　　東京法務局　府中支局　御中

（登記すべき事項をオンラインにより提供する場合の別紙の例）

　「法人継続」
　　　令和○年○月○日法人継続
　「役員に関する事項」
　「資格」理事
　「住所」埼玉県熊谷市中央町一丁目 2 番 2 号
　「氏名」甲山一郎
　「原因年月日」令和○年○月○日就任
　「役員に関する事項」
　「資格」理事
　「住所」○県○市○町○丁目○番○号
　「氏名」○○○○
　「原因年月日」令和○年○月○日就任
　「役員に関する事項」
　「資格」理事
　「住所」○県○市○町○丁目○番○号
　「氏名」○○○○
　「原因年月日」令和○年○月○日就任

（総会議事録）

<h2 align="center">総会議事録</h2>

1　招集年月日　　　　　　令和〇年〇月〇日
1　開催場所　　　　　　　当法人事務所
　　　　　　　　　　　　　（東京都府中市府中一丁目1番1号）
1　開催日時　　　　　　　令和〇年〇月〇日午前10時30分
1　総組合員数　　　　　　〇名
1　出席組合員数　　　　　〇名
1　出席清算人　　　　　　甲山一郎（議長兼議事録作成者）
　　　　　　　　　　　　　〇〇〇〇
　　　　　　　　　　　　　〇〇〇〇

1　議長選任の経過
　　定刻に至り司会者〇〇〇〇開会を宣言し、本日の総会は定款所定数を満たしたので有効に成立した旨を告げ、議長の選任方法を諮ったところ、満場一致をもって甲山一郎が議長に選任された。続いて議長から挨拶の後議案の審議に入った。

1　議事の経過の要領及び議案別決議の結果
　　第1号議案　農事組合法人継続の件

　　議長は、「当農事組合法人は、令和〇年〇月〇日総会の決議により解散し、その登記を了したのであるが、今般、これを解散前の状態に復活させ、農事組合法人を継続してさらなる発展を図ることとしてはいかがか」と述べ、その承認を求めたところ、満場一致をもって農事組合法人を継続することに承認可決した。

　　第2号議案　理事選任の件

　　議長は、「農事組合法人の継続に伴い、理事を新たに選任する必要があるが、その員数及び選任方法はどのようにするか」と議場に諮ったところ、出席組合員中より「理事には、当農事組合法人の解散当時の理事がそのまま農事組合法人継続後の理事に就任することとしてはどうか」と発言があり、議長はその可否を議場に諮ったところ、満場これに賛成したので、議長は、下記のとおり可決決定した旨を報告した。
　　被選任者はいずれも席上その就任を承諾した。
　　　　埼玉県熊谷市中央町一丁目2番2号

```
　　　理事　　　甲山一郎
　○県○市○町○丁目○番○号
　　　理事　　　○○○○
　○県○市○町○丁目○番○号
　　　理事　　　○○○○
```

　以上をもって議案の全部の審議を終了したので、議長は閉会を宣言し、午前 11 時 30 分散会した。

　上記の議決を明確にするため、議事録を作成し、議長及び出席清算人全員において次に記名押印する。

　　令和○年○月○日

```
　　　　　　　　　　　　農事組合法人彩の里
　　　　　　　　　　　　　議長清算人　甲山一郎　㊞
　　　　　　　　　　　　　出席清算人　○○○○　㊞
　　　　　　　　　　　　　同　　　　　○○○○　㊞
```

（委任状）

委　任　状

```
　　　　　　　　埼玉県さいたま市浦和区浦和一丁目 1 番 1 号
　　　　　　　　　　　　　山　川　太　郎
```

　私は、上記の者を代理人に定め、次の権限を委任する。

1　当農事組合法人の継続及び理事の就任の登記を申請する一切の件

1　原本還付の請求及び受領の件

　　令和○年○月○日

```
　　　　　　　　東京都府中市府中一著目 1 番 1 号
　　　　　　　　農事組合法人彩の里
```

理事　甲山一郎　　㊞

（注）理事の印鑑は、理事が登記所に提出している印鑑を押印します。

執　筆　者

吉 岡 誠 一（よしおか　せいいち）

元東京法務局民事行政部第一法人登記部門首席登記官
元富山地方法務局長

第2版 Q＆A法人登記の実務 農事組合法人

2012 年 5 月 25 日　初版発行
2020 年 10 月 28 日　第 2 版発行

著　　者　　吉　岡　誠　一

発 行 者　　和　田　　　裕

発行所　日 本 加 除 出 版 株 式 会 社

本　　　社　郵便番号 171-8516
　　　　　　東京都豊島区南長崎 3 丁目 16 番 6 号
　　　　　　TEL　(03) 3 9 5 3 - 5 7 5 7（代表）
　　　　　　　　　(03) 3 9 5 2 - 5 7 5 9（編集）
　　　　　　FAX　(03) 3 9 5 3 - 5 7 7 2
　　　　　　URL　www.kajo.co.jp

営 業 部　　郵便番号 171-8516
　　　　　　東京都豊島区南長崎 3 丁目 16 番 6 号
　　　　　　TEL　(03) 3 9 5 3 - 5 6 4 2
　　　　　　FAX　(03) 3 9 5 3 - 2 0 6 1

組版・印刷・製本　㈱アイワード

各種登記申請手続の基礎知識を
豊富な書式例と丁寧な解説でフォロー！

Q&A 法人登記の実務

NPO法人 〈第3版〉 吉岡誠一 著
2020年4月刊 A5判 256頁 本体2,800円＋税 978-4-8178-4645-7 商品番号：49101 略号：法実1

学校法人 吉岡誠一 監修 朝倉保彦 著
2011年10月刊 A5判 196頁 本体1,900円＋税 978-4-8178-3951-0 商品番号：49102 略号：法実2

社会福祉法人 〈第2版〉 山中正登 著
2017年10月刊 A5判 356頁 本体3,200円＋税 978-4-8178-4433-0 商品番号：49103 略号：法実3

医療法人 〈第2版〉 山中正登 著
2017年3月刊 A5判 332頁 本体2,900円＋税 978-4-8178-4380-7 商品番号：49104 略号：法実4

農事組合法人 〈第2版〉 吉岡誠一 著
2020年10月刊 A5判 212頁 本体2,400円＋税 978-4-8178-4685-3 商品番号：49105 略号：法実5

農業協同組合 山中正登 著
2013年3月刊 A5判 352頁 本体3,000円＋税 978-4-8178-4057-8 商品番号：49106 略号：法実6

事業協同組合 吉岡誠一 著
2013年11月刊 A5判 392頁 本体3,400円＋税 978-4-8178-4126-1 商品番号：49107 略号：法実7

水産業協同組合 山中正登 著
2014年1月刊 A5判 272頁 本体2,300円＋税 978-4-8178-4131-5 商品番号：49108 略号：法実8

宗教法人 吉岡誠一・辻本五十二 著
2014年6月刊 A5判 288頁 本体2,800円＋税 978-4-8178-4165-0 商品番号：49109 略号：法実9

日本加除出版

〒171-8516 東京都豊島区南長崎3丁目16番6号
TEL（03）3953-5642 FAX（03）3953-2061 （営業部）
www.kajo.co.jp